W0049381

Burkhard Hose

Verrat am Evangelium?

Burkhard Hose

Verrat am Evangelium?

Für eine Kirche, die sich zu den
Menschenrechten bekehrt

Vier-Türme-Verlag

Bibliografische Information der Deutschen Nationalbibliothek

Die Deutsche Nationalbibliothek verzeichnet diese Publikation in der Deutschen Nationalbibliografie. Detaillierte bibliografische Daten sind im Internet über http://dnb.d-nb.de abrufbar.

1. Auflage 2022
© Vier-Türme GmbH, Verlag, Münsterschwarzach 2022
Alle Rechte vorbehalten

Lektorat: Marlene Fritsch
Umschlaggestaltung: wunderlichundweigand
Umschlagmotiv: © wunderlichundweigand/Katharina Gebauer
Druck und Bindung: Pustet, Regensburg
ISBN 978-3-7365-0458-5

www.vier-tuerme-verlag.de

Inhalt

*Wenn die Kirche Zeugnis von der Gerechtigkeit
ablegen soll, dann weiß sie sehr wohl, dass der,
der öffentlich von der Gerechtigkeit zu sprechen wagt,
zunächst selbst in den Augen der anderen
gerecht sein muss.*

Welt-Bischofssynode »De Iustitia in Mundo«, 1971

Verrat am Evangelium?

Einleitung

»... und ich möchte, dass es aufhört«

Es gibt diese Schlüsselmomente in meinem Leben, in denen ein Wort eines anderen Menschen in mir eine innere Tür öffnet. Als würde ich einen neuen Raum betreten und eine innere Wahrheit erschließt sich mir. Für mich sind das spirituelle Erfahrungen. Denn sie sind nicht machbar, sondern sie werden mir geschenkt. Vielleicht gehört auch der frühe Morgen des 24. Januar 2022 zu diesen Momenten. Jedenfalls haben sich mir die Worte, die ich an diesem Morgen hörte, tief eingeprägt. Sie begleiten mich und verbinden sich mit vielem, was ich erlebe, fühle und denke: »Ich finde, das ist ein Stück menschenverachtend. Und ich möchte, dass das aufhört.«

Monika und Marie sitzen nebeneinander vor laufender Kamera. Hinter ihnen leuchtet kraftvoll eine orange-rote Wand, die das lesbische Paar und das, was die beiden erzählen, für mich beinahe zu einem Gemälde werden lässt. Marie war lange Zeit Religionslehrerin. Sie ist inzwischen im Ruhestand. Ihre Partnerin Monika ist Theologin. Sie ist 65 Jahre alt und hat 25 Jahre bei der Caritas gearbeitet. Sie erzählt davon, dass sie sich über vierzig Jahre hinweg mit der Liebe zu Marie verstecken musste. Die beiden Frauen haben ihre Beziehung heimlich gelebt, weil sie beide im kirchlichen Dienst waren und ihnen die Entlassung gedroht hätte, wäre ihre Liebe bekannt geworden. Einen Menschen des gleichen Geschlechts zu lieben und in einer Partnerschaft zu leben, verstößt in der katholischen Kirche immer noch offiziell gegen die Lehre. Es gilt als Abweichung von der Schöpfungsordnung, als Fehlverhalten, als öffentliches Ärgernis, für das man bestraft werden kann.

Monika und Marie treten mit ihrer Geschichte in dem Film »Wie Gott uns schuf« zum ersten Mal ins Licht der Öffentlichkeit. Sie sind Teil der Kampagne »OutInChurch«, mit der sich 125 Menschen als queere Personen in der katholischen Kirche geoutet haben. Ich gehöre auch zu ihnen. Ein Jahr lang haben wir uns auf diesen Tag des gemeinsamen und öffentlichen Coming Out vorbereitet. Und ich weiß, dass viele von uns in den Tagen zuvor Angst hatten, diesen Schritt zu gehen, vielleicht erneut verletzt und diskriminiert zu werden.

Noch bevor der Film abends zur besten Sendezeit in der ARD läuft, schaue ich ihn mir am frühen Morgen in der Mediathek an, unmittelbar nachdem er dort freigeschaltet worden ist. Ich habe in der Nacht kaum geschlafen. Dann kommt der Moment, in dem Monika davon erzählt, dass bei der Beerdigung ihres eigenen Vaters ihre Partnerin Marie nicht neben ihr stehen durfte. Der Grund dafür: Monikas Chef hatte sich zu der Beerdigung angesagt. Er hätte nicht sehen dürfen, dass die beiden ein Paar sind. Und sie erzählt, wie furchtbar das für sie war. Für einen Augenblick meine ich ihren Schmerz in mir zu spüren. Vielleicht sind es auch meine eigenen Wunden, die von ihrer Erzählung erreicht werden und die jetzt wieder wehtun. Und dann sagt sie diesen Satz in einer für mich besonderen Mischung aus innerer Ruhe und Bestimmtheit: »Ich finde, das ist ein Stück menschenverachtend. Und ich möchte, dass das aufhört.« Sie meint damit die Diskriminierung, die sie und viele andere Menschen in der Kirche erfahren. Die Festigkeit, mit der sie es sagt, beeindruckt mich. Was sie sagt, muss nicht mehr begründet werden. Es ist nicht mehr verhandelbar. Diese ruhige Bestimmtheit erlebe ich bei einer ganzen Reihe von Statements, die im Film »Wie Gott uns schuf« zu sehen sind. Pierre Stutz, bekannter Autor vieler spiritueller Bücher und Gedichte, formuliert es im gleichen Film in seinem Testimonial so: »Für das stehe ich nicht zur Verfügung, dass die mich da diskriminieren, weiterhin.« Es klingt in meinen Ohren wie eine Ansage und gleichzeitig wie ein Auftrag. Jetzt geht es darum, dafür zu sorgen, dass es aufhört. Und dass etwas Neues beginnt – eine Kirche, die nicht nur Diskriminierung unterlässt, sondern aktiv für die Achtung der Würde eines jeden Menschen eintritt. Nicht nur im »Außen«, in der nichtkirchlichen Gesellschaft, sondern zuerst und mit aller Konsequenz im Inneren. Für diese Kirche, die sich endlich in ihrem Tun zu den Menschenrechten bekehrt, wollen wir uns engagieren. Ihr fühlen wir uns zugehörig. Für die diskriminierende Kirche stehen wir nicht mehr zur Verfügung.

Die Gesichter und die Stimmen derer, mit denen ich mich in der Aktion »OutInChurch« engagiere, verbinden sich mit einer immer größer werdenden Anzahl von Menschen, die ihr Gesicht zeigen und ihre Stimme erheben, weil sie in ihrer Würde in der katholischen Kirche missachtet und diskriminiert werden oder verschiedene Formen von Gewalt und Machtmissbrauch erfahren haben. Es ist nicht mehr möglich, wegzuschauen und ihre Stimmen zu überhören. Menschen, die sexualisierte Gewalt oder geistlichen Missbrauch erlebt und überlebt haben. Frauen, denen zwar in kirchlichen Verlautbarungen die gleiche Würde zuerkannt wird, denen aber nach wie vor Rechte vorenthalten werden, die nur für Männer reserviert sind.

Immer deutlicher zeigt sich für mich, dass diese unterschiedlichen Erfahrungen in einem Punkt zusammenlaufen: Im Grunde geht es darum, dass Menschen in ihrer Würde und in ihrer Selbstbestimmtheit missachtet werden. Das muss aufhören. Denn es widerspricht der christlichen Botschaft, die doch in ihrem Kern verkündet, dass jeder Mensch Bild Gottes ist: »Und Gott erschuf den Menschen als sein Bild, als Bild Gottes erschuf er ihn; männlich und weiblich erschuf er sie« (Genesis 1,26–27). Diese Würde zu achten, ist ein Grundauftrag der Kirche, den sie ja auch in gesellschaftlichen Diskussionen etwa um den Lebensschutz am Beginn und zum Ende des Lebens oder in ihrem Eintreten für Menschen auf der Flucht oder für eine gerechte Verteilung der Güter immer wieder zur Sprache bringt. In ihrem Handeln nach Innen und in ihrer Lehre bleibt Kirche aber hinter diesem Anspruch zurück. Jeder Machtmissbrauch, der Menschen in der Kirche in Abhängigkeit und in eine Unterordnung bringt, und erst recht jede Form der Gewalt gegen Menschen ist ein Verrat am Evangelium. Jede Missachtung der Würde von Frauen und von Personen, die mit ihrer sexuellen Orientierung oder geschlechtlichen Identität nicht in das binäre Schema passen, ist ein Verrat an der christlichen Grundbotschaft. Mehr noch: Immer offensichtlicher wird, dass die katholische Kirche in ihrer Lehre und in ihrem Handeln hinter den Menschenrechten zurückbleibt, die die Grundlage des Zusammenlebens in den offenen, demokratisch geprägten Gesellschaften bilden. Es geht um diese fundamentale Haltung, die im Artikel 1 der Allgemeinen Erklärung der Menschenrechte als unverfügbare Vorgabe für ein friedliches Zusammenleben der Menschheit formuliert ist: »Alle Menschen sind frei und gleich an Würde und Rechten geboren.«

Am 10. Dezember 1948 wurde die Allgemeine Erklärung der Menschenrechte verabschiedet. In ihr werden individuelle Freiheits- und Autonomierechte, die jeder Person allein aufgrund ihres Menschseins zustehen, als allgemeiner Konsens abgesichert. Bis heute hat der Heilige Stuhl die Menschenrechtscharta nicht unterzeichnet. Immer noch hält man formal an der traditionellen Lehre fest, dass die kirchliche Rechtsgrundlage göttliches Recht sei, das man nicht menschlichem Recht unterordnen dürfe.

Dabei hat das Zweite Vatikanische Konzil bereits eine Kehrtwende eingeläutet und Lehrinhalte an die Menschenrechte angeglichen. Belege hierfür sind die Erklärung über die Religionsfreiheit (*Dignitatis humanae*) und die Erklärung zum Verhältnis der katholischen Kirche zu den nichtchristlichen Religionen (*Nostra aetate*). Die Kirche muss endlich alle Leerstellen zwischen kirchlicher Lehre und den Menschenrechten schließen und Lehrinhalte, die der Menschenrechtscharta widersprechen, reformieren.

Den Weg hierfür hat Papst Franziskus eigentlich bereits gewiesen, als er 2018 den Abschnitt im Katechismus ändern ließ, der die Todesstrafe grundsätzlich als Möglichkeit erlaubte. Im Vorfeld begründete Franziskus diese Änderung in einer bemerkenswerten Rede. Er verweist dort auf »... das veränderte Bewusstsein im Volke Gottes, das eine positive Haltung gegenüber einer Strafe ablehnt, die die Würde des Menschen schwer verletzt. Stattdessen muss deutlich festgestellt werden, dass die Todesstrafe eine unmenschliche Maßnahme ist, die – wie auch immer sie ausgeführt wird – die Würde des Menschen herabsetzt. Sie widerspricht in ihrem Wesen dem Evangelium ...« Schließlich findet er zu einer grundsätzlichen Formulierung, die daran erinnert, dass sich die kirchliche Lehre mit dem gesellschaftlichen Erkenntniszuwachs dynamisch weiterentwickeln muss: »Die harmonische Entwicklung der kirchlichen Lehre gebietet es, Positionen zu vermeiden, die an Argumenten festhalten, die längst eindeutig einem neuen Verständnis der christlichen Wahrheit widersprechen« (Ansprache von Papst Franziskus zum 25. Jahrestag der Veröffentlichung des *Katechismus der Katholischen Kirche* am 11. Oktober 2017).

Wer soll vor diesem Hintergrund noch verstehen, dass sich ein Papst gesellschaftlich für die Rechte der Frauen starkmacht, ihnen innerkirchlich aus Gründen der Lehre diese Gleichberechtigung aber versagt bleibt? Wer soll noch verstehen, dass man sich queeren Menschen pastoral zuwendet, aber nichts an der eigenen diskriminierenden Lehre ändern will? Es ist an der Zeit, anzuerkennen, dass die Menschenrechte, um die es hier geht, »einem neuen Verständnis der christlichen Wahrheit« entsprechen.

Manche stellen inzwischen resigniert fest, Machtmissbrauch und Diskriminierung gehörten sozusagen zur DNA der Kirche. Sie halten sie für nicht mehr reformierbar. Andere befürchten, wenn die kirchlichen Ämter für alle Geschlechter geöffnet würden und tatsächlich alle die gleichen Rechte hätten, wenn nicht-heterosexuelle Paare genauso den Segen empfangen und in letzter Konsequenz auch die sakramentale Ehe eingehen könnten, bringe das der Kirche den Untergang. Eine Kirche, die die Menschenrechte anerkennen und in den eigenen Strukturen umsetzen würde, bedeutet für sie Verrat an der Kernbotschaft. Ich glaube, es ist umgekehrt. Zumindest, wenn man der Logik des Papstes folgt und in den Menschenrechten die Übersetzung der christlichen Wahrheit in die Gegenwart versteht. Und dafür gibt es ausreichend Anhaltspunkte in der biblischen Botschaft.

Im Jahr 2023 jährt sich die Allgemeine Erklärung der Menschenrechte zum 75. Mal. Das wäre eigentlich Anlass genug, um endlich die Unterschrift des Heiligen Stuhls unter das Dokument zu setzen. Vor allem aber könnte das Jubiläum den Anstoß geben, die Menschenrechte mit der christlichen Botschaft zu verbinden und ihre Einhaltung zum Maßstab für das kirchliche Handeln zu machen. Dafür ist es notwendig, all das zu beenden, was Menschen in ihrer Würde missachtet und neu Maß zu nehmen an einem Verständnis der christlichen Botschaft, das auf der Höhe der Menschenrechte ankommt.

Verrat am Evangelium?

Kapitel 1

»Was für mich zählt, ist der Mensch«

»Menschenrechte sind vorstaatliche Rechte, die jeder einzelnen Person gegenüber den organisierten Kollektiven (insbesondere den Staaten) zukommen, allein aufgrund des eigenen Menschseins.« So lautet eine der Definitionen der Menschenrechte, wie sie zum Beispiel die Nichtregierungsorganisation Human Rights Watch vertritt.

Nun ist die Kirche zwar nur in den Grenzen des Vatikans ein Staat, die formale Ablehnung, die Menschenrechtserklärung zu unterzeichnen, reicht in ihren Auswirkungen aber weit über den Kirchenstaat hinaus. Sie hat Bedeutung für die gesamte kirchliche Institution und ihr Verhältnis zu den Menschenrechten. Nach traditionell kirchlicher Lehre hat sich der einzelne Mensch dem sogenannten Naturrecht *(ius naturale)* unterzuordnen, das als göttliches Recht *(ius divinum)* direkt auf den Willen Gottes zurückgeführt wird. Das göttliche Recht besteht nach dieser Definition aus Normen, die durch göttliche Autorität gesetzt werden. Die Interpretation dieser unverfügbaren und unveränderlichen Rechtsordnung liegt in den Händen des kirchlichen Lehramtes. Die deutlichsten Auswirkungen hat die Lehre vom »göttlichen Recht« auf das kirchliche Ehe- und Familienrecht und auf die Sexualmoral. So stellt der *Katechismus der Katholischen Kirche* verbindlich fest: »Die Geschlechtlichkeit ist auf die eheliche Liebe von Mann und Frau hingeordnet« (Nr. 2360). Da die binäre Geschlechterordnung und die Zeugung von Nachkommenschaft als Bestandteil der göttlichen Schöpfungsordnung angesehen werden, gelten Abweichungen davon als »schöpfungswidrig«. Gelebte Homosexualität wird als »schlimme Abirrung« bewertet, die »in sich nicht in Ordnung« sei. Nichtheterosexuelle Partnerschaften verstoßen nach dieser Rechtskonstruktion »gegen das natürliche Gesetz, denn die Weitergabe des Lebens bleibt beim Geschlechtsakt ausgeschlossen« (Nr. 2357). Eine gleichgeschlechtliche Ehe kann es nach »göttlichem Recht« also genauso wenig geben wie eine Ehe, in der die Partner:innen von vornherein ausschließen, Kinder haben zu wollen. Die Gestaltung von Liebe und Partnerschaft ist in dieser göttlichen Ordnung genau geregelt. Was richtig und falsch ist, bestimmt demnach die kirchliche Lehre und entzieht sich dem Selbstbestimmungsrecht der einzelnen Person.

Nirgendwo wurde für mich der Konflikt zwischen der einzelnen Person und ihrer Forderung nach Einhaltung der Menschenrechte und dem Anspruch des kirchlichen Lehramts als Hüter einer »göttlichen Rechtsordnung« in der deutschen Kirche in neuerer Zeit so offen ausgetragen wie auf der zweiten Synodalversammlung im Reformprozess »Der Synodale Weg«. Dieser Reformweg wurde gestartet, nachdem ein interdisziplinäres Forschungsprojekt zum Thema sexueller Missbrauch in der römisch-katholischen Kirche in Deutschland im September 2018 in der MHG-Studie das erschreckende Ausmaß dieses Missbrauchs sichtbar gemacht hatte. Bei ihrer Frühjahrsvollversammlung im März 2019 beschloss die Deutsche Bischofskonferenz daraufhin, einen Synodalen Weg zu beginnen, auf dem die strukturellen Voraussetzungen des Missbrauchs in den Blick genommen werden sollten. Ausgangspunkt waren also die individuellen Erfahrungen von Menschen, die in dieser Kirche und von dieser Kirche zu Opfern gemacht worden waren. Als zentrale Themen wurden vier Bereiche identifiziert, die in einzelnen Synodalforen unter folgenden Stichworten behandelt werden sollten: »Macht, Partizipation, Gewaltteilung«, »Sexualmoral«, »Priesterliche Lebensform«, »Frauen in Diensten und Ämtern in der Kirche«. Bei der zweiten Synodalversammlung im Oktober 2021 kam es zu einer direkten Auseinandersetzung in der Frage, welchen Stellenwert eigentlich die Stimme der vom Missbrauch betroffenen Menschen im Reformprozess haben sollte. Nach einem Statement der Mitglieder des Betroffenenbeirats der Deutschen Bischofskonferenz meldete sich in der anschließenden Aussprache der Regensburger Bischof Rudolf Voderholzer zu Wort. Er schloss seinen Redebeitrag mit der Bemerkung, er kenne »die Tränen der Betroffenen«, aber: »Was ich ablehne, ist eine Emotionalisierung und das unfehlbare Lehramt der Betroffenen.« Diese Äußerung sorgte in der Synodalversammlung für Unruhe und löste bei vielen Erschütterung aus. Von bischöflicher Seite gab es in der gleichen Aussprache eigentlich nur eine direkte Erwiderung auf die Aussage des Regensburger Bischofs. Sie kam von dem Essener Bischof Overbeck, der entgegenhielt: »Wir sind als Kirche nur Licht der Welt, wenn wir mit den Tränen und schwierigen Lebenssituationen so vieler Betroffener wirklich ernst umgehen. Wir können deswegen auch von einem Lehramt der Betroffenen sprechen. So werden sie in die Nähe Jesu gerückt. Und es ist mir wichtig, dass wir an dieser

Stelle wissen: Das ist das einzig wirkliche unfehlbare Lehramt. Dafür bin ich sehr dankbar.« Der Begriff des »unfehlbaren Lehramtes« war auf einmal in die Mitte der Diskussion gerückt. Und mit ihm die Frage: Welche Perspektive ist für den weiteren Weg die verbindliche? Die Perspektive der einzelnen Menschen, die Leid und Unrecht erfahren haben und nun die Achtung ihrer Würde einfordern? Oder die Perspektive einer Institution, die den einzelnen Menschen einer überzeitlichen und unhinterfragbaren göttlichen Rechtsordnung unterordnet?

Es sind die einzelnen Stimmen von Überlebenden sexualisierter Gewalt oder von Menschen, die von Diskriminierung betroffen sind, die in solchen Diskussionen den Unterschied machen. Es sind die Menschen, die ihr Gesicht zeigen, sichtbar werden, auch mit ihren Emotionen, die den Charakter abgehobener theoretischer Debatten unterbrechen und zur persönlichen Positionierung herausfordern. Bei den Synodalversammlungen ist das unter anderen immer wieder Mara Klein. Als nicht-binäre Person zeigt Mara Klein in den Aussprachen Gefühle und macht sichtbar und hörbar, wie es Einzelnen geht, wenn über ihre Erfahrungen »sachlich« verhandelt wird: »Wenn ihr wollt, dass ich nicht emotional über dieses Thema reden soll, dann stellen Sie den Schmerz ab, den ich empfinde, liebe Bischöfe.« So Maras Appell in der Diskussion um die Reform des kirchlichen Dienstrechts, das Menschen aufgrund ihrer sexuellen Orientierung oder ihrer geschlechtlichen Identität diskriminiert. Es ist nicht mehr möglich, einzelne Menschen sozusagen unsichtbar zu machen und hinter abstrakten Diskussionen verschwinden zu lassen.

Gleiches gilt für all jene, die zwar die Hälfte der Menschheit ausmachen, aber die in der Kirche immer noch von Männern gerne unter der Überschrift »Frauenfrage« abgehandelt werden. Auch hier verändert sich die Diskussion, wenn konkrete Menschen sichtbar und hörbar werden. Es sind die Zeugnisse von 150 Frauen, die in dem Buch »Weil Gott es so will‹ – Frauen erzählen von ihrer Berufung zur Diakonin und Priesterin« davon berichten, wie sie persönlich in der Kirche daran gehindert wurden, ihre Berufung zu leben. Die einzelnen Zeugnisse, zu denen die Benediktinerin Sr. Philippa Rath die Frauen eingeladen hatte, erlauben kein Wegsehen mehr, wenn es um die Diskriminierung von Frauen in der Kirche geht. Immer noch werden theologische Argumente gegen den Zugang zu den Ämtern für alle Geschlechter ins Feld geführt. Gerne wird in diesem Zusammen hang darauf verwiesen, es handle sich um keine Diskriminierung und der Zugang zu den Ämtern sei auch keine menschenrechtliche Frage, da es keinen für alle Menschen verbürgten Anspruch auf die Weiheämter gebe. Genau an diesem Punkt ist es so wichtig, die Schilderungen der 150 Frauen zu lesen. Erst dann versteht man, dass die theologisch begründete Zurücksetzung eingebettet ist in eine lange Geschichte der Abwertung von Frauen, ganz zu schweigen von Menschen, die nicht in das binäre Geschlechtersystem hineinpassen. Frauen erzählen hier, dass ihnen schon als Kind durch die Kirche vermittelt wurde, dass sie weniger wert seien. Anders konnten sie es sich nicht erklären, dass sie keine Priesterinnen werden durften. Dass Menschen mit diesem Bewusstsein aufwachsen, ist ein menschenrechtliches Problem, das aber nur sichtbar gemacht werden kann, wenn diese Menschen jenseits theologischer Debatten ihre persönliche Geschichte erzählen.

Schließlich lag auch bei der Aktion »OutIn-Church« die besondere Kraft darin, dass in der Kampagne und im begleitenden Film »Wie Gott uns schuf« die einzelnen Gesichter und Stimmen zu hören waren, einzelne Menschen mit ihren Geschichten öffentlich sichtbar wurden. Bei einer Veranstaltung in Recklinghausen im April 2022 brachte es Rainer Teuber, einer der Initiator:innen von »OutInChurch« auf den Punkt. Er habe bei einem Zusammentreffen mit Bischöfen bei deren Frühjahrsvollversammlung erlebt, dass »über uns gesprochen wurde, als wären wir ein Thema. Wir sind kein Thema: Wir sind Menschen«.

Was es braucht, ist die Bekehrung der Kirche zu den Einzelnen. Dieser Prozess steht nicht im Widerspruch zu ihrer Lehre, denn er ist eigentlich längst Teil derselben. Es geht darum, mit der Feststellung ernst zu machen, die Johannes Paul II. 1979 in seiner ersten Enzyklika *Redemptor hominis* traf: »Der Weg der Kirche ist der Mensch.« Gemeint ist nicht irgendein Idealbild, auch nicht der Mensch, wie ihn die Kirche haben will, sondern der konkrete und hier vor allem der in seiner Würde verletzte Mensch.

Der Fundamentaltheologe Matthias Remenyi formulierte 2019 in einem Statement in der ZEIT-Beilage »Christ und Welt« einen Vorsatz, den er als Konsequenz aus der Aufdeckung der Missbrauchsverbrechen für sich gefasst habe: »Ich will das Zeugnis der Betroffenen als einen theologischen Erkenntnisort respektieren. Sie sind Prophetinnen und Propheten unserer Zeit, von denen es zu lernen gilt. Ich will meine theologischen Modelle prüfen, ob sie diesem Zeugnis zu entsprechen vermögen« (Christ & Welt, 4. April 2019, S. 1). Das von ihm und Thomas Schärtl im gleichen Jahr herausgegebene Buch »Nicht ausweichen. Theologie angesichts der Missbrauchskrise« versuchte dann auch, diese Leerstelle zu schließen.

Was in der Allgemeinen Erklärung der Menschenrechte in der Sprache der rechtlichen Definition oder in einer Enzyklika im Duktus der theologischen Reflexion formuliert wird, kleiden biblische Texte in anschauliche Geschichten. So in Markus 3,1–6, in der Erzählung von der Heilung des Mannes mit der »verdorrten Hand«. In einer theologischen Diskussion um die Einhaltung des Sabbatgebots verschiebt Jesus die Perspektive von der Sache hin zum konkreten Menschen, an dem sich der Streit entzündet hatte. Er fordert den Mann mit der verdorrten Hand auf, sich in die Mitte zu stellen (Markus 3,3). Und erst in dieser veränderten Konstellation, mit dem Blick auf den Menschen in der Mitte, steigt Jesus in das Gespräch über die Frage ein, ob man am Sabbat heilen dürfe oder nicht. Er macht damit deutlich: Es geht um diesen Menschen, nicht um ein Thema. Ähnlich verläuft bereits wenige Verse zuvor die Debatte in der Frage, ob man am Sabbat Ähren pflücken dürfte oder nicht. Hier wird zwar niemand konkret in die Mitte gestellt, aber es fällt der programmatische Satz Jesu, der sein ganzes Tun bestimmt: »Der Sabbat wurde für den Menschen gemacht, nicht der Mensch für den Sabbat« (Markus 2,27). Damit positioniert er sich deutlich in der innerjüdischen Diskussion um die Einhaltung der religiösen Vorschriften. Schränken diese die Lebensmöglichkeiten des Einzelnen ein und bedrohen sie gar dessen Würde, verlieren sie ihre Gültigkeit, ja ihren eigentlichen Sinn. Es zeichnet die literarische Gattung vieler biblischer Streitgespräche, aber auch der Wundergeschichten aus, dass sie von konkreten Schicksalen erzählen. Immer werden einzelne Menschen sichtbar. Von ihrer Geschichte wird ausgegangen, um die Logik einer abgehobenen Behandlung von »Themen« zu durchbrechen.

Menschenrechtsorganisationen wie Amnesty International wählen seit vielen Jahren genau diesen Weg, um auf Menschenrechtsverletzungen in aller Welt aufmerksam zu machen. Eine der bis heute wirksamsten und seit 1973 praktizierten Methoden von Amnesty International sind die »Urgent Actions«: Eilaktionen, die auf das konkrete Schicksal eines Menschen aufmerksam machen und über Unterschriften- und Briefaktionen Menschenrechtsverletzungen anprangern. Die Kraft der »Urgent Actions« liegt im Sichtbarwerden des Einzelnen. Bis heute hat diese rasche und massi-

ve Protestform Tausenden von Menschen das Leben gerettet. Rund ein Drittel der »Urgent Actions«
haben gute Nachrichten zur Folge: Freilassungen,
Hafterleichterungen, die Aufhebung von Todesur-
teilen oder auch Anklagen gegen die Verantwort-
lichen von Menschenrechtsverletzungen. Klar ist:
Hinter jedem Einzelnen, der auf der Website der
Menschenrechtsorganisation namentlich genannt
wird und für den Unterschriften gesammelt werden, stehen noch viele andere mit ihren Geschichten. Das Engagement für den einzelnen Menschen
macht auf die dahinter liegende systematische
Menschenrechtsverletzung aufmerksam. Nach
»außen« werden diese Einzelnen mit ihrem Eintreten für Menschenrechte in der kirchlichen Lehre
häufig bereits als Heilige verehrt. So zum Beispiel
Bischof Óscar Arnulfo Romero oder Mutter Tere-
sa. Wer die Einhaltung der Menschenrechte aber
im »Inneren« der Kirche anmahnt, gilt als »Nestbe-
schmutzer«.

Aktionen wie »OutInChurch« oder Bücher wie
»Weil Gott es so will«, Wortmeldungen wie die von
Mara Klein bei der Synodalversammlung oder die
Zeugnisse der Überlebenden des Missbrauchs sind
so wichtig, weil sie Menschenrechtsverletzungen
ein Gesicht geben und sie der Verfügbarkeit theoretischer Diskussionen entziehen. In ihnen wird

tatsächlich das »einzige wirklich unfehlbare Lehramt« sichtbar, die Perspektive Jesu, seine Predigt und sein Tun.

Eines der wichtigsten Bücher, das ich in meinem bisherigen Leben gelesen habe, ist das 1990 in deutscher Sprache erschienene Buch des französischen Bischofs Jacques Gaillot: »Was für mich zählt, ist der Mensch«. Der Titel begleitet mich seither auf meinem Weg in einer Kirche, die in ihrer Programmatik eigentlich einen wichtigen menschenrechtlichen Grundsatz trägt: Der Einzelne zählt mehr als eine Institution. Die Institution hat dem Menschen zu dienen, nicht umgekehrt. Ein erster Schritt in Richtung einer Bekehrung der Kirche zu den Menschenrechten wäre es, diese jesuanisch-menschenrechtliche Perspektive wieder einzunehmen, Einzelne mit ihrer Geschichte in die Mitte zu stellen, sie wirklich zu hören und sie sichtbar werden zu lassen.

Kapitel 2

Das Recht auf Wahrheit

Seit 2011 wird in jedem Jahr am 24. März »Der internationale Tag für das Recht auf Wahrheit über schwere Menschenrechtsverletzungen und für die Würde der Opfer« begangen. Die Vereinten Nationen initiierten diesen Tag zu Ehren von Erzbischof Óscar Arnulfo Romero, der am 24. März 1980 in San Salvador ermordet wurde. Als Gegner der damaligen Militärregierung trat Romero für die Rechte der Unterdrückten, für Gerechtigkeit, für die Einhaltung der Menschenrechte sowie für politische Reformen in El Salvador ein. Seine Ermordung löste dort einen Bürgerkrieg aus. In der Begründung der UN-Resolution heißt es, der Gedenktag werde eingerichtet »insbesondere in Würdigung der wichtigen und wertvollen Arbeit von Erzbischof Óscar Arnulfo Romero aus El Salvador, der aktiv für die Förderung und den Schutz der Menschenrechte in seinem Land eintrat und dessen Arbeit internationale Beachtung fand, weil er in seinen Botschaften

Verletzungen der Menschenrechte der schwächsten Bevölkerungsgruppen anprangerte«.

Das »Recht auf Wahrheit« ist eines, das man in so ausdrücklicher Form weder in der Universellen Menschenrechtserklärung von 1948 noch beispielsweise im Internationalen Pakt über bürgerliche und politische Rechte von 1966 findet. Aber auch ohne explizite Niederschrift in einem der großen Menschenrechtsabkommen war dieses Recht schon immer präsent. Vor allem die Familien der vielen Tausend »Verschwundenen« in zahlreichen Ländern forderten seit den Siebzigerjahren des vorigen Jahrhunderts immer lauter, die Wahrheit über das Schicksal ihrer Angehörigen zu erfahren. Diese Forderung war die logische Antwort darauf, dass die Diktaturen in Ländern wie Argentinien und Chile, aber eben auch Guatemala und El Salvador systematisch Lügen über das Schicksal der von ihnen verschleppten Opfer verbreiteten und bewusst diese Ungewissheit als perfide Technik der Unterdrückung einsetzten. Aus einem zunächst zuerkannten *right to know*, dem Recht auf Zugang zu behördlichen Informationen, entwickelte sich im Lauf der Jahre in den entsprechenden Erklärungen der weitreichendere Begriff des *right to the truth*, des Rechtes auf Wahrheit.

Mit dem Ende zahlreicher Unrechtsregime und Bürgerkriege entstanden erstmals in den Siebzigerjahren, insbesondere jedoch später in den Achtziger- und Neunzigerjahren in allen Regionen der Welt sogenannte Wahrheitskommissionen. Deren Mandate galten in der Regel der Aufdeckung der Wahrheit über begangene Menschenrechtsverletzungen in Fällen korrupter, von autoritären Staatsführungen abhängiger oder schlicht überforderter Justizapparate. Obwohl sich nur wenige Wahrheitskommissionen tatsächlich auf das Recht auf Wahrheit beriefen, erweiterten sie das *right to the truth* um eine weitere Dimension: Stand der Anspruch auf Geltendmachung des Rechts auf Wahrheit bislang nur den direkten Opfern und ihren Familien zu, so wurde die Anspruchsberechtigung nun auf die gesamte Gesellschaft ausgedehnt. Die Interamerikanische Kommission für Menschenrechte bestätigte in ihrem Jahresbericht bereits 1986 diesen bedeutsamen Beitrag der Wahrheitskommissionen, indem sie den kollektiven Charakter des Rechtes auf Wahrheit feststellte.

In der UNO, aber ebenso im lateinamerikanischen Menschenrechtsschutzsystem erkannte man die Notwendigkeit, dieses Recht auf Wahrheit über die schweren Menschenrechtsverbrechen auch förmlich zu verankern. Nach einem langen Weg kam es 2013 schließlich zur Verabschiedung einer Resolution der Generalversammlung der UNO mit dem schlichten Titel: »Das Recht auf Wahrheit«.

Ausgerechnet in der katholischen Kirche, die mit Erzbischof Romero und seinem Namen eng mit der langen Geschichte des Menschenrechts auf Wahrheit verwoben schien, war der Begriff des »Rechts auf Wahrheit« jedoch schon besetzt – mit einer anderen Konnotation. Eine Begriffskonkurrenz, die bis heute nachwirkt und das Denken beeinflusst. Bis zum Zweiten Vatikanischen Konzil wurde nämlich auch in der kirchlichen Lehre von einem »Recht auf Wahrheit« gesprochen. Gemeint war damit jedoch etwas ganz anderes. Das lehramtlich behauptete »Recht auf Wahrheit« stand sogar in direkter Konkurrenz zu den Menschenrechten. Unter »Wahrheit« wurden kirchliche »Glaubenswahrheiten« verstanden, denen der einzelne Mensch sich zu unterwerfen hatte. Im Namen dieses Rechts wurde nicht selten religiöser Zwang ausgeübt. Das Lehramt der katholischen Kirche verteidigte dieses »Recht auf Wahrheit« bis 1965, bis zur Konzilserklärung über die Religionsfreiheit. Nicht der Mensch hatte Rechte aufgrund seiner Menschenwürde, sondern »die Wahrheit« hatte Rechte. Erst die Konzilserklärung *Dignitatis Humanae* anerkennt aufgrund der Würde der menschlichen Person subjektive Freiheitsrechte wie die Religionsfreiheit. Dort heißt es: »Das Vatikanische Konzil erklärt, dass die menschliche Person das Recht auf religiöse Freiheit hat. Diese Freiheit besteht darin, dass alle Menschen frei sein müssen von jedem Zwang sowohl von Seiten einzelner und gesellschaftlicher Gruppen wie jeglicher menschlicher Gewalt, so dass in religiösen Dingen niemand gezwungen wird, gegen sein Gewissen zu handeln, noch daran gehindert wird, privat und öffentlich, als Einzelner oder in Verbindung mit anderen [...] nach seinem Gewissen zu handeln« (DH 2). Damit wurde die traditionelle katholische Lehre vom Primat der Wahrheit gegenüber der Freiheit grundsätzlich überwunden. Der Text der Erklärung, der auch den lateinischen Titel des Dokuments prägt, beginnt mit den Worten »Die Würde der menschlichen Person ...«. An die Stelle des Rechts der Wahrheit tritt das Recht der Person. Das Konzilsdokument stellt eine Wende im Verhältnis der katholischen Kirche zu den Menschenrechten dar. Noch 1864 verurteilte Papst Pius IX. in der Enzyklika *Quanta cura* (»Wachsende Sorge«) und dem dazugehörigen *Syllabus errorum* (»Verzeichnis der Irrtümer«) das Menschenrecht auf Religionsfreiheit als eines der dort aufgelisteten achtzig sogenannten Irrtümer der Moderne.

Es macht die Forderung nach dem von den Vereinten Nationen formulierten »Recht auf Wahrheit« nicht einfacher, dass in der katholischen Kirche immer noch ein Denksystem weiterwirkt, das unter dem gleichen Titel den einzelnen Menschen der Institution unterordnete. Diskriminierung und geistlicher Missbrauch, aber auch deren bewusste Vertuschung stehen in der geistigen Tradition dieses kirchliches »Rechts auf Wahrheit«, das mit dem Menschenrecht und mit der Verpflichtung des Staates, für dessen Einhaltung zu sorgen, unmittelbar konkurriert. Auch wenn sich das Konzil formal vom kirchlichen »Recht auf Wahrheit« verabschiedete, scheint heute noch die Frage im Raum zu stehen: Für welche der beiden Lesarten eines »Rechts auf Wahrheit« entscheiden wir uns in der Kirche?

Die Kirche muss sich endgültig von »Wahrheiten« verabschieden, die im Widerspruch zu den Menschenrechten und dem Vorrang der Würde der einzelnen Person stehen. Die Abkehr von alten Lehrinhalten, die den Menschenrechten widersprechen, hat das Konzil mit *Dignitatis humanae* vollzogen. Dieser Bruch mit einer Tradition, die den eigenen Wahrheitsanspruch höher einstufte als die menschliche Würde, darf gerade nicht als Verrat an der kirchlichen Lehre oder gar am Evangelium gedeutet werden, sondern ist vielmehr eine Rückkehr zur Botschaft Jesu, zum »einzig wirklichen unfehlbaren Lehramt«. Nicht die Menschenrechte sind ein Irrtum, sondern deren kirchliche Ablehnung. Man könnte beinahe sagen: Eine gewisse Tragik in der Geschichte der Menschenrechte liegt für die Kirchen darin, dass wesentliche humane Impulse des Christentums, die in die Formulierung der Menschenrechte eingegangen sind, gegen die etablierte Kirche zur Geltung gebracht werden mussten. Daraus entstand ein konfliktreiches Verhältnis zwischen Menschenrechten und Wahrheitsansprüchen der Kirchen.

Dieser Konflikt muss endgültig auch im Inneren der Kirche, in ihrer Lehre und in ihrer Praxis aufgelöst werden. Dazu gehört auch, dass die Diskriminierung von Frauen und von queeren Menschen als solche klar benannt und anerkannt wird und grundlegende Rechte nicht länger gegen eine überkommene kirchliche Lehre ausgehandelt werden müssen. Die kirchliche Lehre muss sich endgültig von »Wahrheiten« verabschieden, die auf einem längst überholten Naturrecht beruhen. Immer noch wird in der offiziellen kirchlichen Lehre mit dem Naturrecht begründet, dass eine nicht-heterosexuelle Orientierung oder eine nicht-binäre geschlechtliche Identität der Natur und damit der göttlichen Schöpfungsordnung widersprächen. Diese »Wahrheiten« halten weder den heutigen Erkenntnissen der Humanwissenschaften noch der Moraltheologie stand, die sich längst weiterentwickelt hat.

Anstelle des traditionellen kirchlichen »Rechts auf Wahrheit« braucht es auch bei der Aufklärung der Missbrauchsverbrechen die Durchsetzung des neuen Menschenrechts auf Wahrheit. Zum einen ganz formal, indem Überlebenden der ungehinderte Zugang zu Informationen garantiert wird, die im Zusammenhang mit den Verbrechen stehen. Zum anderen im Sinn einer Wahrhaftigkeit: Es ist für die Überlebenden des Missbrauchs von Bedeutung, dass ihnen geglaubt wird. Ihre Wahrheit darf nicht einer doppelbödigen kirchlichen »Wahrheit« von der »Heiligkeit der Kirche« untergeordnet werden.

Die Aufklärung der Missbrauchsverbrechen hat aber nicht nur eine Bedeutung für die einzelnen Überlebenden. Die gesellschaftliche Bedeutung des durch die UN verbürgten Rechts auf Wahrheit bezieht die Kirche mit ein. Auch hier geht es um ein *right to the truth*, das über das *right to know* hinausgeht. Es geht umfassend um Wahrheit, Gerechtigkeit, Wiedergutmachung und Garantien gegen die Wiederholung der Verbrechen.

Es ist für den Fortbestand der Kirche als Teil der Gesellschaft unerlässlich, dass diese Aufklärung wahrhaftig und unabhängig geschieht. Das bedeutet, dass der Staat für die Wahrung der Menschenrechte auch ungehindert in die Belange der Kirche eingreifen darf. Der Vorsitzende der Deutschen Bischofskonferenz, Georg Bätzing, hat sich in diesem Sinn im Februar 2021 erstmals grundsätzlich offen dafür gezeigt, sexuellen Missbrauch in der katholischen Kirche in Deutschland durch eine vom Bundestag eingesetzte Wahrheitskommission aufarbeiten zu lassen. Auch wenn dafür erst gesetzliche Voraussetzungen geschaffen werden müssten, die manche derzeit für nicht realisierbar halten, wäre dies ein wichtiger Schritt der Kirche in Richtung des Menschenrechts auf Wahrheit. Es ist nicht nachvollziehbar, dass sich in der Politik bisher dafür keine Mehrheit organisieren ließ. Man will offensichtlich das enge Verhältnis zwischen Staat und Kirche nicht belasten – und dies auf Kosten der Betroffenen.

Die gegenwärtigen Konflikte rund um die Aufklärung des Missbrauchs in der katholischen Kirche, aber auch um die Anerkennung der gleichberechtigten Würde von Frauen sowie die anhaltende Diskriminierung queerer Personen zeigen: Die Hinwendung zu den Menschenrechten, wie sie das

Konzil mit der Erklärung zur Religionsfreiheit begonnen hat, ist noch längst nicht vollzogen. Die Erkenntnis, dass die Menschenrechte zwar mit Teilen der offiziellen kirchlichen Lehre und der von ihr beanspruchten Wahrheit, nicht aber mit der Wahrheit der Botschaft Jesu konkurrieren, hat sich immer noch nicht durchgesetzt.

Im Johannesevangelium stellt Pilatus Jesus die Frage: »Was ist Wahrheit?« (Johannes 18,38). Mit dieser Frage antwortet Pontius Pilatus auf das Bekenntnis Jesu: »Ich bin dazu geboren und dazu in die Welt gekommen, dass ich für die Wahrheit Zeugnis ablege« (Johannes 18,37). An die Frage nach der Wahrheit wird in jedem Karfreitagsgottesdienst erinnert, wenn die Leidensgeschichte aus dem Johannesevangelium vorgelesen wird. Der Kontext macht deutlich, dass hier keine abgehobene philosophische Diskussion geführt wird. Es ist kein Zufall, dass mitten in der Passion von der Wahrheit die Rede ist. Der Leidende und zu Unrecht Verurteilte ist in diesem Augenblick, in dem es um die Wahrheit geht, politischen und religiösen Institutionen und ihrem Anspruch auf Wahrheit ausgeliefert. In der Meditation zum Karfreitag des Jahres 2000 sagte Papst Johannes Paul II.: »Der Mensch, der sich nicht von der Wahrheit leiten lässt, ist sogar bereit, einen Unschuldigen schuldig zu sprechen.« Das bedeutet: Am Verhältnis der Kirche zu den Leidenden, zu den von politischen und religiösen Systemen Unterdrückten entscheidet sich, ob die »Wahrheit« des leidenden und gekreuzigten Gottessohnes verstanden und gelebt wird. Die unbedingte Achtung der Würde der Person steht für Jesus im Mittelpunkt seiner Botschaft. Das ist seine »Wahrheit«, die er nicht nur predigt, sondern die an ihm als Person und an seinem Schicksal unmittelbar sichtbar wird. Glaubwürdig bezeugt die Kirche diese Wahrheit überall dort, wo sie Menschenrechtsverletzungen in Unrechtsregimen anklagt, so wie es große Hilfswerke wie Adveniat, Misereor oder die Caritas immer wieder tun. Die Kirche unterstützt in vielen Ländern auch die Einrichtung von Wahrheitskommissionen, wie beispielsweise nach dem Genozid in Ruanda. Sie tut das bislang nur nicht, wenn es um die Aufdeckung von Menschenrechtsverletzungen in den eigenen Reihen geht. Es ist tatsächlich eine Frage der Treue zur Wahrheit, sich an dieser Botschaft Jesu auch im Inneren der Kirche neu auszurichten.

Verrat am Evangelium?

Kapitel 3

Das freie Wort

»In den letzten Tagen habe ich den aufrechten Gang geübt.« Als einer meiner Kollegen kurze Zeit nach seinem Coming-Out im Rahmen der Kampagne »OutInChurch« diesen Satz sagt, erahne ich etwas von seinem Leidensweg. Wie viele andere wurde er mit seiner sexuellen Orientierung zwar inoffiziell geduldet, ihm wurde aber auferlegt, er dürfe nicht öffentlich darüber sprechen. Unmittelbar vor dem gemeinsamen öffentlichen Coming-Out befürchtete er noch, es könne negative Konsequenzen für ihn haben, wenn er jetzt öffentlich zu seinem Schwulsein stehe. Denn er breche damit doch ein Versprechen, das er dem Bischof gegeben habe.

Diese Situation ist kein Einzelfall. Systematisch wurden Menschen mit Schweigegeboten belegt. Im Manifest von »OutInChurch«, das am 24. Januar 2022 veröffentlicht wurde, heißt es dazu: »Bisher können viele von uns in ihrem kirchlichen

Beruf oder Umfeld mit ihrer geschlechtlichen Identität und/oder mit ihrer sexuellen Orientierung nicht offen umgehen. Es drohen arbeitsrechtliche Konsequenzen bis hin zur Zerstörung der beruflichen Existenz. Manche von uns kennen Situationen, in denen Bischöfe, Generalvikare oder andere Leitungspersonen sie genötigt haben, ihre sexuelle Orientierung und/oder ihre geschlechtliche Identität geheim zu halten. Nur unter dieser Bedingung wurde ihnen ein Verbleib im kirchlichen Dienst gestattet. Damit ist ein System des Verschweigens, der Doppelmoral und der Unaufrichtigkeit etabliert worden. Es produziert zahlreiche toxische Wirkungen, beschämt und macht krank.« Nicht der »Bruch« der erzwungenen Schweigeversprechen ist das Problem, sondern das auferlegte Schweigen selbst.

Auch die von sexuellem Missbrauch Betroffenen erzählen immer wieder, dass sie nicht nur von den Tätern zur Geheimhaltung gezwungen wurden, sondern auch durch Schweigepflichtserklärungen, die sie unterschreiben mussten, wenn sie sich an Bistumsleitungen wandten und die erfahrene Gewalt zur Sprache brachten. Das System der Vertuschung nutzte so die Scham, unter der Opfer von Missbrauch ohnehin leiden, um die Täter und mit ihnen die Institution zu schützen. Das so erpresste Schweigen verlängert den Missbrauch, führt zur Retraumatisierung der Opfer und verhindert die Aufklärung der begangenen Verbrechen.

Eines der Kennzeichen autoritärer Systeme ist die Unterdrückung der freien Rede und der ungehinderten Meinungsäußerung. Erzwungenes Schweigen, Einschüchterung und die bewusste Demütigung dienen in Diktaturen dem Erhalt der Macht. Es sind nicht zuletzt die katholische Kirche und an ihrer Spitze die Päpste, die gerade in den vergangenen Jahrzehnten immer wieder auf solches Unrecht aufmerksam machten. Dies aber nur, sofern sich das Unrecht außerhalb der eigenen Institution zeigte, die Ausübung der Religion von Staats wegen beschränkt oder Angehörige der Kirche verfolgt wurden. So erinnerte Papst Franziskus bei seinem Türkeibesuch 2014 in einer Rede im Präsidentenpalast daran, dass die »Religions- und die Meinungsfreiheit, die allen effektiv garantiert ist«, auch in der Türkei geachtet werden müsse. Es erscheint paradox: Im Westen charakterisieren sich Christen gerne als Kinder einer freien Kultur und empfehlen sich in diesem Punkt vor allem dem Islam als Vorbilder – »wir lieben und wir pflegen das freie Wort, wir klären unsere Konflikte in offener Diskussion und setzen uns in der Gesellschaft dafür ein«, so der Papst in der gleichen Ansprache bei seinem Türkeibesuch. Das grundlegende Problem ist, dass in der kirchlichen Lehre bei der Anwendung der Menschenrechte und damit auch in ihrem Verständnis des Rechts auf Meinungsfreiheit zwischen *ad extra* (nach außen) und *ad intra* (nach innen) unterschieden wird. Nach innen wird verwehrt, was nach außen eingefordert wird. In der lehramtlichen Logik stellt es keinen Widerspruch dar, dass Johannes XXIII. mit der Enzyklika *Pacem in terris* (1963) im Blick auf die nichtkirchlichen Gesellschaften ein Bekenntnis zu den Menschenrechten ablegt und sich positiv über Meinungsfreiheit äußert, gleichzeitig dieselben Rechte innerhalb der Kirche aber eingeschränkt sind.

1789 wird das Gut der Redefreiheit in der französischen Erklärung der Menschenrechte festgeschrieben. Artikel 19 der Allgemeinen Erklärung der Menschenrechte schützt das Recht jedes Menschen auf freie Meinungsäußerung einschließlich des Rechts, seine Meinung zu verbreiten und die Meinungen anderer zu hören. Damit verbietet Artikel 19 eine staatliche Zensur. Wörtlich heißt es da: »Jeder hat das Recht auf Meinungsfreiheit und freie Meinungsäußerung; dieses Recht schließt die Freiheit ein, Meinungen ungehindert anzuhängen sowie über Medien jeder Art und ohne Rücksicht auf Grenzen Informationen und Gedankengut zu suchen, zu empfangen und zu verbreiten.« Die Freiheit der Meinungsäußerung ist dabei nur im Rahmen der anderen Menschenrechte geschützt. Sie findet ihre Grenze, wenn sie die Ehre anderer Menschen verletzt oder zur Verletzung ihrer körperlichen Integrität oder ihrer Freiheit aufruft. Rassismus und Gewaltverherrlichung ist damit von der Meinungsfreiheit nicht mehr gedeckt.

Innerkirchlich findet die Meinungsfreiheit zusätzliche Grenzen. Sie endet da, wo die vertretenen Meinungen oder die individuelle Lebensweise im Widerspruch stehen zur normativen Grundlage, der Heiligen Schrift, oder zu verschiedenen normierenden Traditionen. Die definierte kirchliche Lehre zu vielen religiösen, gesellschaftlichen und individuellen Lebensaspekten erlaubt im Inneren der Kirche keine davon abweichende Meinungsäußerung. Dazu kommt, dass in ihrem hierarchischen System abweichende Meinungen als Verweigerung des verlangten Gehorsams und als Kritik an der Obrigkeit gewertet werden. Das Recht auf Meinungsfreiheit ist zwar sogar im Kirchenrecht in gewisser Weise verankert, wird von dort aus aber eher einschränkend als ermöglichend interpretiert. Über die Gläubigen heißt es da: »Entsprechend ihrem Wissen, ihrer Zuständigkeit und ihrer hervorragenden Stellung haben sie das Recht und bisweilen sogar die Pflicht, ihre Meinung in dem, was das Wohl der Kirche angeht, den geistlichen Hirten mitzuteilen und sie unter Wahrung der Unversehrtheit des Glaubens und der Sitten und der Ehrfurcht gegenüber den Hirten und unter Beachtung des allgemeinen Nutzens und der Würde der Personen den übrigen Gläubigen kundzutun« (c. 112 §3 CIC/1983). Die Freiheit der Meinungsäußerung wird hier positiv benannt, sie steht aber grundsätzlich unter dem Vorbehalt ihrer Vereinbarkeit mit der kirchlichen Lehre und dem Gehorsam gegenüber den Bischöfen. Der Spielraum für eine willkürliche Einschränkung der Meinungsfreiheit durch die kirchliche Obrigkeit erscheint damit beinahe grenzenlos.

Während die meisten Menschen in der Kirche von der Einschränkung der Meinungsfreiheit eher subtil und von der Öffentlichkeit unbemerkt betroffen sind, erregte mancher Fall gerade nach dem Konzil die allgemeine Aufmerksamkeit. Dazu gehört der Entzug der kirchlichen Lehrbefugnis von Hans Küng, der öffentlich die Unfehlbarkeit des Papstes infrage gestellt hatte und 1979 dafür durch die Glaubenskongregation diszipliniert wurde. Dazu gehört die Diskriminierung und Ruhigstellung des Befreiungstheologen Leonardo Boff, dem

1985 für ein Jahr ein Rede- und Lehrverbot (»Bußschweigen«) auferlegt wurde, weil er sich wiederholt gegen die hierarchische Verfassung der Kirche und für deren Demokratisierung ausgesprochen hatte. 1992 gab Boff seinen öffentlichen Kampf gegen die Hierarchie auf und legte sein Priesteramt nieder.

Schließlich wird die Meinungsfreiheit gerade in der theologischen Wissenschaft auch heute noch durch die Praxis des sogenannten *nihil obstat* (lat. für »es steht nichts entgegen«) eingeschränkt. Bevor jemand einen theologischen Lehrstuhl an einer staatlichen Universität übernehmen darf, wird durch kirchliche Behörden überprüft, ob die betreffende Person in Veröffentlichungen von der lehramtlichen Meinung abweichende Positionen vertritt. Die Verweigerung des *nihil obstat* betrifft immer wieder Wissenschaftler:innen, die sich auf einen Lehrstuhl bewerben, im Rahmen ihrer Veröffentlichungen aber zum Beispiel die Zulassung von Frauen zu den Weiheämtern oder die Änderung der kirchlichen Lehre zur Homosexualität theologisch begründen. Diese repressive Strategie, die vom Glaubenspräfekten und späteren Papst Joseph Ratzinger seit 1980 organisiert wurde, dauert bis heute fort und hat in den letzten Jahrzehnten vor allem in der Theologie Westeuropas und Nordamerikas zu einem Klima der Angst und des strategischen Schweigens geführt. Als ich im Frühjahr 2021 potenzielle Autoren für das von Sr. Philippa Rath und mir herausgegebene Buch »Frauen ins Amt! Männer der Kirche solidarisieren sich« anschrieb, erhielt ich von einem der Adressaten genau aus diesem Grund eine Absage. Er bedauerte, sich nicht an dem Buchprojekt beteiligen zu können, weil er befürchtete, dass ihm deshalb das *nihil obstat* verweigert werden könnte, wenn er sich künftig auf einen Lehrstuhl bewerben würde.

Wie anders lauten da die Worte Jesu im Markusevangelium: »Ihr wisst, dass die, die als Herrscher gelten, ihre Völker unterdrücken und ihre Großen ihre Macht gegen sie gebrauchen. Bei euch aber soll es nicht so sein ...« (Markus 10,42–43). Instrumente der Unterdrückung und zwangsweisen Unterordnung von Menschen sollten demnach in der Nachfolgegemeinschaft Jesu keinen Platz mehr haben. Verschiedene Stellen in den Evangelien setzen sich explizit mit Situationen auseinander, in denen Menschen mundtot gemacht werden. Die Begegnung mit Jesus bringt für sie Befreiung und eine ganzheitliche Heilung.

Nach menschenrechtlichem Verständnis liegt die Befreiung des Menschen darin, dass jede Person denken darf, was sie will, und dass sie das

Recht hat, das, was sie denkt, auch öffentlich zu äußern. In den Evangelien wird diese Befreiung in Erzählungen gekleidet, die von Heilungen berichten. Heilung geschieht in den Wundererzählungen häufig gerade dadurch, dass Menschen, denen von ihrer Umgebung das Schweigen auferlegt wurde, in der Gegenwart Jesu dazu befreit werden, den Mund aufzumachen und ihrer Stimme Gehör zu verschaffen. Besonders deutlich wird das an der oben erwähnten Stelle: Als wolle der Evangelist Markus die Aufforderung Jesu »Bei euch aber soll es nicht so sein!« bebildern, erzählt er unmittelbar im Anschluss die Geschichte des blinden Bartimäus (Markus 10,46–52): Als der blinde Bettler nach dem vorbeigehenden Jesus ruft, befiehlt ihm die umstehende Menge zu schweigen. Ganz anders fällt die Reaktion Jesu aus. Statt ihm Schweigen aufzuerlegen, fragt er ihn: »Was willst du, dass ich dir tue?« (Markus 10,51). Die Befreiung vom erzwungenen Schweigegebot und die Ermächtigung zur freien Rede und zur Formulierung des eigenen Anliegens ist nicht nur wesentlicher Bestandteil des Heilungswunders. Sie ist ein Alternativmodell zu dem unmittelbar zuvor beschriebenen Muster von unterdrückerischer Herrschaft. Durch die Kombination der beiden Texte legt der Evangelist seiner Gemeinde ans Herz, nach welchen Prinzipien in ihr und künftig Macht wahrgenommen werden sollte: Die christliche Gemeinde könnte demnach der Ort sein, an dem Menschen Befreiung von erzwungenem Schweigen, Ermächtigung zur freien Rede und zum Einstehen für das Ihre erfahren. Das bedeutet für Markus Heilung.

Menschenrechte müssen nicht biblisch begründet werden, um ihre Geltung durchzusetzen, auch nicht das Recht auf freie Rede sowie freie Äußerung und (öffentliche) Verbreitung einer Meinung. Aber ein Blick in die biblischen Quellen macht deutlich, dass das Eintreten für die Menschenrechte dem heutigen Verständnis der christlichen Wahrheit entspricht. Dem durch kirchliche Obrigkeit auferlegten Schweigen sowie Einschränkung der Meinungsfreiheit innerhalb der Kirche ist in jeder Hinsicht der Boden entzogen. Und mehr noch: Im Sinn des Evangelisten Markus wäre es ein Vorbild für die Gesellschaften, in denen wir leben, und es wäre heilendes Handeln der Kirche, wenn in ihren Reihen Menschen Befreiung von auferlegtem Schweigen erfahren und zum aufrechten Gang ermutigt würden.

Der Jesuit Ralf Klein beschreibt am Ende der ARD-Dokumentation »Wie Gott uns schuf« die Empfindung, die er mit dem Ende des Schweigens und mit dem Mut zum öffentlichen Sprechen über sein Schwulsein verbindet: »Es ist die Freude, ja, in das Land der Freiheit gekommen zu sein.« Dabei bebt seine Stimme und ihm laufen Tränen über die Wange. Als Zuschauer habe ich in diesem Moment das Gefühl, Zeuge einer Heilungsgeschichte geworden zu sein.

Verrat am Evangelium?

Kapitel 4

»Wir sind viele«

Der Kampf um Leben, Freiheit und Gerechtigkeit beginnt oft dort, wo Herrschende ihre Macht missbrauchen. Denn wenn der Respekt vor der Würde der Einzelnen in einem Staatsgefüge dem persönlichen Machtstreben oder der Behauptung übergeordneter Interessen weichen muss, verbinden sich Benachteiligte, um gemeinsam für ihre Rechte einzutreten. Das war auch die Voraussetzung dafür, dass sich die Menschenrechte etablieren konnten: Bewegungen, in denen sich von Unrecht Betroffene, Überlebende von Kriegen und Völkermorden zusammenschlossen, die Solidarisierung von Menschen, die sich über Jahrhunderte hinweg aus der Ohnmacht befreiten. Wenn aus dem »*Ich* möchte, dass das aufhört ein »*Wir* treten gemeinsam dafür ein, dass es anders wird« erwächst und die Kraft und die Unterstützung von weiteren Seiten der Gesellschaft kommen, sind große Veränderungen manchmal auch in ungeahnt kurzer Zeit möglich.

Zum ersten Mal geschah das 1776 auf dem Weg zur amerikanischen Unabhängigkeitserklärung – mit weitreichender Wirkung. Ungerechte Steuern waren für die englischen Siedler in Nordamerika der Anlass, sich zu organisieren und den Kampf für ihre Unabhängigkeit aufzunehmen. Die englische Krone hatte zuvor versucht, ihre Staatsschulden, die durch den Siebenjährigen Krieg gegen Frankreich (1756–1763) entstanden waren, mithilfe ihrer Kolonien abzutragen. Die 13 Kolonien an der amerikanischen Ostküste aber widersetzten sich den neuen Steuern und den strengen Handels- und Zollgesetzen. Bei der berühmten »Boston Tea Party« am 16. Dezember 1773 warfen Siedler die Ladung britischer Teeschiffe ins Hafenbecken.

Die Kolonien schlossen sich zusammen und beriefen einen Kontinentalkongress ein. Am 4. Juli 1776 nahm der Kongress die von Thomas Jefferson ausgearbeitete Unabhängigkeitserklärung an. »Wir halten folgende Wahrheiten für selbstverständlich: dass alle Menschen gleich geschaffen sind; dass sie von ihrem Schöpfer mit gewissen unveräußerlichen Rechten ausgestattet sind; dass dazu Leben, Freiheit und das Streben nach Glück gehören«, heißt es in der 15 Artikel umfassenden Erklärung, die zur Grundlage der Verfassung der USA wurde.

In Frankreich erhoben sich die Untertanen fast zur selben Zeit gemeinschaftlich gegen das »alte Regime«: Der Staat war bankrott, die Hofhaltung der Könige und die kostspielige Kriegspolitik hatten die Kassen geleert. Jahrelang hatte das Volk dafür bezahlt. Am 5. Mai 1789 wurde die Ständeversammlung berufen. Der dritte Stand, das Bürgertum, erklärte sich zur Nationalversammlung. Am 14. Juli 1789 begann der offene Aufstand mit dem berühmten Sturm auf die Bastille, also auf das Gefängnis. Die Nationalversammlung verkündete die Erklärung der Menschen- und Bürgerrechte. Artikel 1 lautet: »Der Mensch wird frei und gleich an Rechten geboren und bleibt es.« Die in 17 Artikeln dargelegten Grundrechte fanden Eingang in die neue Verfassung vom 3. September 1791.

Mit der »Erklärung der Rechte der Frau und Bürgerin« proklamierte übrigens Olympe de Gouges im Jahre 1791 Freiheits- und Gleichheitsrechte auch für Frauen, ohne jedoch für ihr Anliegen Gehör zu finden. Sie wurde 1793 hingerichtet. Trotz der universalistischen Wortwahl stellten die Menschenrechte seinerzeit Rechte dar, in deren Genuss zunächst vor allem das »weiße« männliche Bürgertum kam.

Die Verbrechen des nationalsozialistischen Regimes und die Zerstörungswucht der ersten Atombomben in Hiroshima und Nagasaki erschütterten schließlich die Menschheit in ihren Grundfesten. Es entstand das dringende Bedürfnis, sie über alle Grenzen hinweg miteinander zu verbinden und sie in Zukunft vor derartigem Unrecht zu schützen. Mit diesem Ziel wurden 1945 in New York die Vereinten Nationen (United Nations Organization, UNO) als Nachfolgeorganisation des Völkerbundes gegründet. Diese neue Weltgemeinschaft verpflichtete sich in ihrer Charta vom 26. Juni 1945, die Welt vor »der Geißel des Krieges zu bewahren«. Sie bekräftigte ihren Glauben an die Würde aller und versprach, bessere Lebensbedingungen in Freiheit für alle zu fördern.

Auch den neuerlichen Reform- und Solidarisierungsbewegungen in der katholischen Kirche ging eine Erschütterung voraus. Die Aufdeckung der zahlreichen Missbrauchsfälle sorgte seit 2010 und insbesondere nach der Veröffentlichung der sogenannten MHG-Studie im Jahr 2018 dafür, dass sich Überlebende dieses Missbrauchs miteinander verbanden und organisierten. So entstand unter anderem der »Eckige Tisch«, ein gemeinnütziger Verein, der die Interessen von Betroffenen sexueller Gewalt an Kindern und Jugendlichen speziell im Kontext der katholischen Kirche vertritt. Ziel ist es, Menschen zu beraten, gemeinsame Positionen in der Öffentlichkeit bekannt zu machen und den Druck für notwendige Veränderungen in der Kirche und auch in der Politik zu erhöhen. 2018 gründete der Sprecher des »Eckigen Tischs« mit Überlebenden aus anderen Ländern die internationale Organisation »Ending Clergy Abuse – The Global Justice Project (ECA)«.

Es gehört zu den systemischen Rahmenbedingungen für den Missbrauch in der katholischen Kirche, dass Betroffenen immer wieder vermittelt wurde, sie seien ein Einzelfall und ihre Täter seien Einzeltäter. Überlebende der Verbrechen wurden mit Schweigen belegt und erfuhren in der Vereinzelung eine erneute Beschämung – ein Muster, das ihnen von ihren Tätern bekannt war. Sich mit anderen zu verbinden, ist für viele ein schwerer, aber wichtiger Schritt. Manche mussten dabei auch erleben, dass der Zusammenschluss in Opferverbänden oder Betroffenenbeiräten noch nicht zu der stärkenden Solidarität führte, die es braucht, um dem System, das den Missbrauch ermöglicht und gedeckt hat, wirksam entgegenzutreten. Und die Solidarität der Nichtbetroffenen fällt schwächer aus, als es notwendig wäre, um den Druck weiter zu erhöhen und zum Beispiel angemessene Entschädigungszahlungen zu erwirken.

Unter dem Eindruck der Verbrechen des Missbrauchs formierte sich 2019 mit »Maria 2.0« eine weitere Sammlungsbewegung. Sie konzentrierte sich auf die systemischen Ursachen des Missbrauchs in einer Kirche, die über Jahrhunderte patriarchal bestimmt und dominiert wird. Die Sakralisierung von Autorität, eine männerbündische Struktur des Klerus, informelle Machtstrukturen, Doppelmoral, übermäßiger Schulddruck in der kirchlichen Sexualmoral und Machtmissbrauch gehören zum »katholischen Geschmack« des Missbrauchs, wie es der Jesuit Klaus Mertes in den letzten Jahren immer wieder ausdrückte. »Maria 2.0« ist gleichzeitig eine Antwort auf die anhaltende Diskriminierung von Frauen in der Kirche. Auf ihrer Website schreiben die Initiatorinnen des Frauennetzwerkes: »Für uns alle ist ein stillschweigender Austritt keine Option. Kämpfen wollen wir für uns und für unsere heranwachsenden Kinder und Enkelkinder! Kämpfen für einen Weg, der es uns und auch den nachfolgenden Generationen nicht nur erträglich macht, sondern sogar Freude, in dieser Kirche zu bleiben! Weil wir hier beheimatet sind, weil uns so sehr an ihr liegt. Damit es wieder um die Botschaft Jesu geht. Schnell war uns klar: wir müssen nicht nur klagen, sondern handeln ...«

Die Vernetzung mit internationalen Fraueninitiativen wie »Catholic Women's Council« und »Voices of Faith« bringt dabei zum Ausdruck, dass die Forderung nach Geschlechtergerechtigkeit eben kein deutsches oder europäisches »Wohlstandthema« ist, wie es immer wieder von denen behauptet wird, die am herkömmlichen System festhalten wollen. »Maria 2.0« versteht sich nach wie vor als »Graswurzelbewegung«. Die Solidarität untereinander und der anhaltende Druck »von unten« sind das Prinzip dieser Reforminitiative. Etliche ihrer Mitglieder folgten im Sommer 2020 der Einladung von Sr. Philippa Rath OSB, persönliche Zeugnisse zu verfassen, in denen die Frauen davon erzählten, wie sie in der Kirche und durch die Kirche daran gehindert wurden, ihre Berufung zur Diakonin oder Priesterin zu leben. Daraus ist ein Buch entstanden, das im Frühjahr 2021 erschienen ist: »»Weil Gott es so will‹ – Frauen erzählen von ihrer Berufung zur Diakonin und Priesterin« nahm wiederum seinen Anfang in dem Impuls, Frauen mit ihren Diskriminierungserfahrungen aus der Vereinzelung zu befreien. Sr. Philippa Rath, die das Buch herausgegeben hat, erzählt bei jeder Lesung von diesen Anfängen. In einer Kaffeepause am Rand einer Synodalversammlung im Reformprozess »Der Synodale Weg« habe sie mit zwei Bischöfen zusammengestanden.

In dem kurzen Gespräch sagten die Amtsträger, ihnen seien persönlich keine Frauen bekannt, die eine Berufung zur Priesterin oder Diakonin hätten. Die Benediktinerin war von dieser Aussage so erschüttert, dass sie direkt im Anschluss einige Frauen, von deren Berufung sie wusste, anschrieb und dazu einlud, ihre Geschichte mit knappen Worten zu erzählen. Die Einladung verbreitete sich im Schneeballsystem. Frauen traten mit ihrer Berufungsgeschichte aus der Vereinzelung heraus und solidarisierten sich untereinander. Die Gewissheit »Wir sind viele« prägt seitdem das Bewusstsein der berufenen Frauen. Zudem lassen sich diese Gewissheit und auch die offensichtliche Berufung dieser Frauen nicht mehr durch männerbündische Abwehrreaktionen, durch Kleinreden oder Marginalisierung leugnen.

Der Nachfolgeband »Frauen ins Amt! Männer der Kirche solidarisieren sich« ist von der Überzeugung geprägt, dass Kirchenmänner zu Verbündeten der diskriminierten Frauen werden können. Es wird darauf ankommen, noch mehr Kirchenmitglieder dazu zu bewegen, sich solidarisch zu zeigen und dabei auch neue Formen einer wirksamen Solidarisierung zu entwickeln.

Schließlich war es wiederum unsere Aktion »OutInChurch«, die mir vor Augen geführt hat, dass es im Eintreten für Gerechtigkeit und Menschenrechte auf das gemeinsame Sichtbarwerden, auf das organisierte öffentliche Auftreten und auf die innere Verbundenheit ankommt, um eines der wirksamsten Instrumente des Machtmissbrauchs und der Diskriminierung zu beenden: die Vereinzelung. Für mich war es eine außergewöhnliche Erfahrung, als ich am 24. Januar 2022 selbst zum ersten Mal den Film »Wie Gott uns schuf« ansah – die vielen Gesichter und Geschichten von Menschen, die ich vorher nur aus Zoom-Meetings kannte. Die einzelnen Persönlichkeiten vor farbigem Hintergrund wurden im Film immer wieder zu einer großen bunten Wand zusammengefügt. Einzelne kostbare Lebensgeschichten verbanden sich so zu einer kraftvollen Botschaft, die nicht nur in die kirchliche Öffentlichkeit, sondern weit darüber hinaus Wirkung zeigte. Das Heraustreten aus der Vereinzelung und das Brechen des Schweigens sind für viele von uns zu einem Akt der Befreiung geworden. So beginnt der Film denn auch mit den Worten: »Lange haben sie geschwiegen. Es sind Menschen wie du und ich, und sie sind viele«.

Für mich persönlich war weniger das öffentliche Coming-Out, sondern noch stärker die Erfahrung dieser neuen Verbundenheit mit anderen, die ähnliche Erfahrungen wie ich mitbrachten, das Besondere der Kampagne. Es ist dieser Zusammenhalt, der mich als Einzelnen trägt. Viele sprachen im Film davon, dass sie lange Zeit dachten, sie seien allein mit ihrer Erfahrung von Ausgrenzung und Diskriminierung. Ihnen wurde von Kirchenvertretern das Gefühl vermittelt, sie seien ein Problem, ein Einzelfall – und vor allem: sie seien das Problem, nicht die kirchliche Lehre oder ihre Vertreter und Verfechter. Ralf Klein, Jesuitenpater und einer der Protagonisten des Films, beschreibt darin die toxische Wirkung der Vereinzelung. Er erzählt, dass die Entdeckung der eigenen Homosexualität für ihn immer mit dem Gefühl verbunden war: Bin ich denn der Einzige? Und weiter sagt er: »Indem du schweigst, trägst du gleichzeitig auch bei anderen dazu bei.« Bischöfe boten in Einzelgesprächen in den letzten Jahren im besten Fall an, man könne über die sexuelle Orientierung oder die von der binären Norm abweichende »widernatürliche« geschlechtliche Identität hinwegsehen, wenn die Einzelnen nicht weiter auffielen. Diskriminierte wurden zu Geheimnisträgern und verließen diese Gespräche mit dem Gefühl, dass eben sie selbst »nicht in Ordnung« seien, etwas Unnatürliches, Falsches, ein Problem für sich selbst und die Kirche – und noch dazu ein sehr seltenes. Betroffene verinnerlichen häufig diese Haltung, sie hätten gegen die Ordnung verstoßen. Sie folgten dieser Logik und empfanden es selbst als ein Zeichen von Entgegenkommen und Milde, dass man sie »nur« zum Schweigen verurteilte und nicht noch mit dieser Ärgernis erregenden Verfehlung an die Öffentlichkeit gehe. Ein Mittel des Machtmissbrauchs, das in Systemen immer wieder verwendet wird, um Menschen gefügig zu machen, sie unter Druck zu setzen und sie am Ende sogar noch dankbar für die gewährte Milde zu machen.

Es sind Erfahrungen, wie sie immer wieder auch von Überlebenden des Missbrauchs in der Kirche erzählt werden. Opfern wurde von Repräsentanten der Kirche vermittelt: Ihr seid falsch, nicht wir. Ihr seid selbst schuld an der Situation. Wir bieten euch gnädig unsere Hilfe an.

Diese Diskriminierungsstrategie hat zumindest für viele queere Menschen in der Kirche mit »OutInChurch« ein Ende gefunden. Das Manifest, mit dem die Kampagne an die Öffentlichkeit trat, beginnt mit der einfachen und gerade deshalb so kraftvollen Ansage: »Wir sind's! Es wurde viel über uns gesprochen. Nun sprechen wir selbst.«

Das Manifest erläutert auch die Haltung, mit der die Beteiligten ins Licht der Öffentlichkeit getreten sind: »Wir tun dies für uns und wir tun dies in Solidarität mit anderen LGBTIQ+ Personen in der römisch-katholischen Kirche, die dafür (noch) nicht oder nicht mehr die Kraft haben. Wir tun dies in Solidarität mit allen Menschen, die der Stereotypisierung und Marginalisierung durch Sexismus, Ableismus, Antisemitismus, Rassismus und jeglicher anderen Formen von Diskriminierung ausgesetzt sind.« Auch »OutInChurch« ist eine Sammlungs- und Solidarisierungsbewegung. Sie steht in einer Reihe mit den anderen Bewegungen wie »Maria 2.0« oder den Selbstorganisationen von Überlebenden des Missbrauchs. Sie alle stehen in der Tradition anderer Menschenrechtsbewegungen.

Für mich stehen sie aber auch in einer noch weiter zurückreichenden Tradition. Seit ich mich mit vielen anderen in der Kirche zu »OutInChurch« zusammengeschlossen habe, vor allem aber, seit ich in dem Film »Wie Gott uns schuf« die Vielfalt und den Reichtum der unterschiedlichen Persönlichkeiten, die sich dort im Kampf um mehr Gerechtigkeit verbunden haben, vor Augen geführt bekam, geht mir ein Satz nicht mehr aus dem Kopf: »So könnte Kirche sein!« Und gleichzeitig denke ich: So ist oder besser so war Kirche. Die Jesusbewegung war in ihren Anfängen eine Gemeinschaft, die vor allem Menschen sammelte, die in gesellschaftlichen und religiösen Kontexten auf unterschiedliche Weise marginalisiert wurden. Dass das frühe Christentum vor allem unter Sklav:innen und Freigelassenen große Missionserfolge verzeichnete, ist kein Zufall. Dass in den ersten Jahrzehnten Frauen christliche Gemeinden leiteten und öffentlich in christlichen Gottesdiensten sprachen, ist kein Zufall. In der Nachfolge Jesu sammelten und solidarisierten sich Einzelne und Gruppen, die gesellschaftlich oder religiös ausgegrenzt und vereinzelt wurden. Sie versicherten sich gegenseitig ihrer gemeinsamen gleichen Würde und entzogen sich damit den diskriminierenden und unterdrückerischen Strukturen. Die Evangelien erzählten Geschichten von Jesus, der diese Menschen mit Vorliebe zu gemeinsamen Mahlfeiern einlud und sich dabei den zweifelhaften Titel »Fresser und Weinsäufer, Freund der Zöllner und Sünder« zuzog. Die Antwort Jesu auf Ausgrenzung und Vereinzelung war Sammlung und Vergemeinschaftung. Das ist Kirche in ihrer jesuanischen Bestimmung. An diese Bestimmung knüpfen die Sammlungsbewegungen an, die heute unter dem gemeinsamen Vorzeichen der Menschenrechte in dieser Kirche aufstehen, sich solidarisieren und für Gerechtigkeit eintreten. So könnte Kirche sein.

Verrat am Evangelium?

Kapitel 5

Die Macht der Sprache

Dass autoritäre Systeme Schreib- oder Redeverbote erlassen, Journalist:innen verfolgen oder Schriftsteller:innen einsperren, hat System. Dabei ist es nicht nur die Öffentlichkeit, die Unrechtsregime fürchten, sondern das Medium selbst, die Sprache, die ihnen zum gefährlichsten Gegner werden kann, wenn sie ihrer Kontrolle entgleitet.

Sprache ist ein menschenrechtliches Thema. Zum einen gilt das in einem engeren Sinn: Das Recht auf die eigene Sprache ist als Menschenrecht in mehreren Mechanismen der UN verankert, unter anderem in der Erklärung zu den Rechten indigener Völker der UN (UNDRIP) und in der Konvention 169 der Internationalen Organisation für Arbeit (ILO).

Die Sprache ist Teil des immateriellen kulturellen Erbes der Menschheit. Menschenrechtsorganisationen weisen immer wieder darauf hin, welche Folgen der Verlust der eigenen Sprache für die

Sprechenden selbst, jedoch auch für die gesamte Menschheit hat.

Die menschenrechtliche Bedeutung der Sprache reicht noch weiter und zeigt sich grundsätzlicher: In allen diktatorischen Regimen ist die Sprache eines der mächtigsten Werkzeuge – sowohl in den Händen der Mächtigen, aber ebenso in den Händen der Unterdrückten. Verlieren Machthaber die Hoheit über die Sprache, verlieren sie ihre Macht. Die Sprache ist nicht nur Ausdruck von Veränderung, sondern mit der Sprache beginnt erst Veränderung, auch in der Kirche. Nun steht die kirchliche Sprache ohnehin seit Jahren in der Kritik. Am markantesten hat dies vermutlich Erik Flügge mit seinem 2016 erschienenen Buch auf den Punkt gebracht: »Der Jargon der Betroffenheit: Wie die Kirche an ihrer Sprache verreckt«. Inzwischen ist deutlich geworden, dass der kirchliche Jargon nicht nur unverständlich in der Rede über Gott bleibt, sondern mindestens genauso in ihrer Sonderwelt gefangen und manchmal sogar bewusst verschleiernd über Missbrauchsverbrechen und Diskriminierung spricht.

Traurige Berühmtheit hat die Vergebungsbitte des Kölner Kardinals Wölki erlangt, die er in der Christmette 2020 an die Gläubigen adressierte: »Was die von sexueller Gewalt Betroffenen und

Sie in den letzten Tagen und Wochen vor Weihnachten im Zusammenhang mit dem Umgang des Gutachtens zur Aufarbeitung von sexualisierter Gewalt in unserem Erzbistum, was Sie an der Kritik darüber und insbesondere auch an Kritik an meiner Person ertragen mussten, für all das bitte ich Sie um Verzeihung.« Ein Satz, der verheißungsvoll beginnt und nach einem ehrlichen Schuldbekenntnis klingt, sich am Ende aber ins Gegenteil verkehrt. Schließlich bat der Kardinal nicht um Verzeihung für die stockende Aufarbeitung des Missbrauchs, sondern für die Kritik daran und vor allem für die Kritik an seiner Person. Wölkis verschleiernde Sprache verdrehte die Tatsachen. Sie kam äußerlich verkleidet als Entschuldigungsbitte an, transportierte aber ungeschminkt eine Anschuldigung an die Adresse seiner Kritiker:innen.

Diese Täter-Opfer-Umkehr, wie sie in den Worten des Kardinals zu Tage tritt, ist ein häufig verwendetes sprachliches Stilmittel in Äußerungen von Würdenträgern zum Thema Missbrauch. Da »leiden« Bischöfe unter dem Missbrauch, den sie selbst nie erlitten haben, meinen tatsächlich aber eher die Kritik an der Kirche, die den Missbrauch ermöglicht hat, unter der sie leiden. Klaus Mertes SJ kritisierte im Herbst 2021 in der Her-

der-Korrespondenz zurecht die »Mitleidssprache«
von Vertretern der Kirche, mit der sie von ihrer
»Sorge um die Opfer« sprächen und sich dabei
wiederum als Seelsorger über die Überlebenden
stellten. Statt darauf zu hören, was Überlebende
erwarten und auf ihre Forderungen einzugehen,
bietet man ihnen Seelsorge an oder bittet sie um
Vergebung. In vielen Betroffenheitsbekundungen
scheint der Glaubwürdigkeitsverlust und damit
die Angst vor dem Imageschaden für die Kirche
das eigentliche Problem darzustellen.

Überlebende des Missbrauchs stören mit ihren
Wortmeldungen dieses kirchlich gepflegte Selbst-
mitleid. Viele von ihnen berichten davon, dass sie
durch das verschleiernde und das bewusst eingesetzte theologische Vokabular retraumatisiert
wurden. Kirchliche Verlautbarungen verwenden
zwar Begriffe, die das Leiden beschreiben, aber
eben aus der Perspektive der Organisation der Täter. Gerne spricht man auch mal für die Opfer und
erklärt, was sie denken oder fühlen, anstatt sich
dem Risiko auszusetzen, ungefiltert denen zuzu-
hören, die tatsächlich durch die Kirche und in ihr
zu Opfern gemacht wurden und davon zu reden
beginnen. Immer noch wehren sich Amtsträger
gegen eine wahrhaftige Sprache, die Täter- und
Opferschaft nicht vermischt oder verschleiert.

Die Sprache war über Jahrzehnte ein Teil des Systems, das den Missbrauch ermöglichte. Mit derselben Sprache kann man jetzt nicht die eigene Betroffenheit zum Ausdruck bringen. Es braucht einen Bruch mit dem Jargon der Kirche des Missbrauchs, in dem so lange die Heiligkeit der Kirche behauptet wurde und geweihte Amtsträger überhöht wurden. Die kirchliche Sprache ist nicht unschuldig an den Verbrechen, die in der Kirche begangen wurden. Es sind Sätze wie diese, die den Raum für geistlichen Missbrauch und sexualisierte Gewalt durch kirchliche Amtsträger schufen: »Oh, wie groß ist der Priester! ... Wenn er sich selbst verstünde, würde er sterben ... Gott gehorcht ihm: Er spricht zwei Sätze aus, und auf sein Wort hin steigt der Herr vom Himmel herab und schließt sich in eine kleine Hostie ein ...« Dieses Zitat des Pfarrers von Ars, der zu Beginn des 19. Jahrhunderts in Frankreich wirkte und 1925 heiliggesprochen wurde, präsentierte Papst Benedikt XVI. am 19. Juni 2009 zur Eröffnung des von ihm ausgerufenen »Jahres der Priester« in einem Schreiben an die »Mitbrüder im priesterlichen Dienst« – ohne kritische Kommentierung oder gar Distanzierung. Er räumte zwar ein, manchen könnten die Äußerungen des »Patrons der Pfarrer« übertrieben erscheinen, pries ihn aber als Vorbild und setzte das

Zitat fort: »Ohne das Sakrament der Weihe hätten wir den Herrn nicht. Wer hat ihn da in den Tabernakel gesetzt? Der Priester. Wer hat Eure Seele beim ersten Eintritt in das Leben aufgenommen? Der Priester. Wer nährt sie, um ihr die Kraft zu geben, ihre Pilgerschaft zu vollenden? Der Priester. Wer wird sie darauf vorbereiten, vor Gott zu erscheinen, indem er sie zum letzten Mal im Blut Jesu Christi wäscht? Der Priester, immer der Priester. Und wenn diese Seele [durch die Sünde] stirbt, wer wird sie auferwecken, wer wird ihr die Ruhe und den Frieden geben? Wieder der Priester ... Nach Gott ist der Priester alles! ... Erst im Himmel wird er sich selbst recht verstehen« (https://www.vatican.va/content/benedict-xvi/de/letters/2009/documents/hf_ben-xvi_let_20090616_anno-sacerdotale.html).

Aus dieser gefährlichen Überhöhung des Priesteramtes, die solche Worte transportieren, speiste sich der Missbrauch, der dem Papst 2009 bereits aus unzähligen Berichten und aus verschiedenen Ländern bekannt war. Und trotzdem verdrehte Benedikt XVI. im selben Schreiben die Wirklichkeit mit folgender Einfügung, mit der er auf die Meldungen über Missbrauchsverbrechen reagierte: »Leider gibt es auch Situationen, die nie genug beklagt werden können, in denen es die Kirche selbst ist, die leidet, und zwar wegen der Untreue einiger ihrer Diener. Die Welt findet dann darin Grund zu Anstoß und Ablehnung. Was in solchen Fällen der Kirche am hilfreichsten sein kann, ist weniger die eigensinnige Aufdeckung der Schwächen ihrer Diener als vielmehr das erneute und frohe Bewusstsein der Größe des Geschenkes Gottes, das in leuchtender Weise Gestalt angenommen hat in großherzigen Hirten, in von brennender Liebe zu Gott und den Menschen erfüllten Ordensleuten, in erleuchteten und geduldigen geistlichen Führern.« Zum Abschluss des »Jahres der Priester«, in dessen Verlauf auch die Aufdeckung des Missbrauchs im Berliner Canisius-Kolleg durch Pater Mertes fiel, sagte der Papst in einer Messe vor 15.000 Priestern auf dem Petersplatz: »Es war zu erwarten, dass dem bösen Feind das neue Leuchten des Priestertums nicht gefallen würde, das er lieber aussterben sehen möchte, damit letztlich Gott aus der Welt hinausgedrängt wird.« So sei es geschehen, »dass gerade in diesem Jahr der Freude über das Sakrament des Priestertums die Sünden von Priestern bekannt wurden«. Die Kirche verstehe das Geschehene auch als »Auftrag zur Reinigung« (https://www.vatican. va/content/benedict-xvi/de/homilies/2010/documents/hf_ben-xvi_hom_20100611_concl-anno-sac. html). Diese Formulierungen mit ihrer Täter-Opfer-

Umkehr wirken bis heute nach. Sie bestimmten für lange Zeit offizielle kirchliche Statements. Die Aufklärung des Missbrauchs verlangt auch eine kritische Aufarbeitung dieser Sprache. Die Abkehr vom System des Missbrauchs verlangt eine Abkehr von der Sprache des Systems.

Immer noch ist die Sprache im Mund von Amtsträgern auf Formulierungen bedacht, die die Kontinuität betonen. Sie scheuen den Bruch mit einem System, das sexualisierte Gewalt und geistlichen Missbrauch ermöglicht, gedeckt und vertuscht hat. Dieser Bruch muss aber stattfinden und er muss auch sprachlich zum Ausdruck kommen, damit den Worten tatsächlich Taten folgen können.

Mirjam Henkes veröffentlichte im Theologie-Blog »Y-nachten« eine kurze Analyse der Statements von Bischöfen und Generalvikaren auf die Aktion »OutInChurch« (https://y-nachten.de/2022/06/gesendete-doppelbotschaften-kirchliche-sprache-auf-dem-pruefstand/). Sie entlarvte hier typische kirchliche Doppelbotschaften, mit denen gegenwärtige Amtsträger versuchen, nicht in Konflikt mit der offiziellen Lehre oder mit der zurückliegenden Geschichte der Kirche zu geraten. Statt Diskriminierung und Ausgrenzung queerer Menschen direkt zu benennen, zieht sich durch die Statements eine Spur bedauernder Beteuerungen.

Man wolle ebenfalls eine »Kirche ohne Angst«, wie sie die Aktion »OutInChurch« fordere, man habe »dazugelernt«, die Lehre der Kirche müsse sich »weiterentwickeln«, man müsse »weiterdenken« und »weiterdiskutieren«.

Keine der Äußerungen bricht in aller Deutlichkeit mit der diskriminierenden Lehre. Die eindeutige »Korrektur menschenfeindlicher lehramtlicher Aussagen«, wie sie im Manifest der Initiative gefordert wird, bleiben die Statements schuldig. Die Autorin der Analyse vermutet dahinter die Angst, in Konflikt mit der römischen Doktrin zu geraten, die noch im Frühjahr 2021 das Nein zu den Segensfeiern für gleichgeschlechtliche Paare damit begründete, dass gleichgeschlechtliche Partnerschaften »nicht auf den Plan des Schöpfers hingeordnet« seien.

Diese Begründung hielt das römische Schreiben für ausreichend, um sich gleich selbst vom Vorwurf der Diskriminierung freizusprechen: »Die Erklärung der Unzulässigkeit von Segnungen der Verbindungen von Personen gleichen Geschlechts ist daher weder eine ungerechte Diskriminierung noch enthält sie die Absicht, eine solche zu sein ...« Wer auch immer in der Folge Diskriminierung als solche benennt, begibt sich also auf Konfrontationskurs zu dieser lehramtlichen

Selbstentlastung. Bisher hat das kein Bischof gewagt. Stattdessen wählen die Amtsträger den Weg der doppelbödigen Formulierungen, die offenlassen, dass man ja vielleicht etwas anderes denkt, aber es nicht sagen kann.

Eine Kirche, die der Diskriminierung in den eigenen Reihen wirklich den Kampf ansagt, kann dies nicht mit doppelbödigen Botschaften tun, sondern muss wahrhaftig und direkt sprechen. Wenn Amtsträger weiterhin Begriffe wie »Respekt« und »Takt« verwenden, mit denen man nicht-heterosexuellen Menschen zu begegnen habe, dann sind diese Vokabeln, die auch im römischen Responsum vom März 2021 auftauchen – ein Schlag ins Gesicht queerer Menschen. Sie klingen positiv, atmen aber den Geist der Überheblichkeit und Ausgrenzung einer überkommenen Naturrechtslehre, die weiterhin das lehramtliche Denken und Sprechen bestimmt.

Noch immer stehen im *Katechismus der Katholischen Kirche* unter der Nummer 2357 folgende Sätze über homosexuelle Beziehungen: »Gestützt auf die Heilige Schrift, die sie als schlimme Abirrung bezeichnet [Vgl. Genesis 19,1–29; Römer 1,24–27; 1 Korinther 6,10; 1 Timotheus 1,10], hat die kirchliche Überlieferung stets erklärt, ›dass die homosexuellen Handlungen in sich nicht in Ordnung sind‹

(CDF, Erkl. ›Persona humana‹ 8). Sie verstoßen gegen das natürliche Gesetz [...]. Sie sind in keinem Fall zu billigen.«

Wenn im nächsten Katechismusartikel davon die Rede ist, homosexuellen Menschen sei mit »Achtung, Mitleid und Takt zu begegnen« und man solle sich hüten, »sie in irgendeiner Weise ungerecht zurückzusetzen«, ist nicht mehr zu übersehen, wie die Sprache der Gewalt mit pastoralen Floskeln ummäntelt wird. Unter dem Deckmantel der Barmherzigkeit wird Ausgrenzung und Diskriminierung betrieben. Will die Kirche diese Diskriminierung tatsächlich beenden, dann müssen ihre Amtsträger dies auch unmissverständlich sagen. Es braucht eine Enttarnung dieser diskriminierenden Sprache.

Gleiches gilt schließlich für die Sprache, mit der in der Kirche die anhaltende Diskriminierung von Frauen und nicht-binären Personen verschleiert wird. Kirchliche Pressemeldungen über Bischöfe, die »auf Frauen zugehen«, ihre »Anliegen verstehen« oder die »Eigenart der Frau theologisch zu ergründen« suchen, sind in ihrer subtilen diskriminierenden Sprache enttarnt. Es braucht eine wahrhaftige Sprache, die auch hier Diskriminierung als solche benennt, Gerechtigkeit einfordert und eindeutigen Worten Taten folgen lässt.

Vielleicht wäre eine Rückbesinnung auf die prophetische Sprache der Bibel, die Ungerechtigkeit klar beim Namen nannte, eine Lösung. Der Prophet Amos unterbrach im 8. Jahrhundert vor Christus die Kultgesänge und Gebete seiner Zeit mit harten Worten und forderte Gerechtigkeit statt frommer Lieder: »Ich hasse eure Feste, ich verabscheue sie und kann eure Feiern nicht riechen. Wenn ihr mir Brandopfer darbringt, ich habe keinen Gefallen an euren Gaben, und eure fetten Heilsopfer will ich nicht sehen. Weg mit dem Lärm deiner Lieder! Dein Harfenspiel will ich nicht hören, sondern das Recht ströme wie Wasser, die Gerechtigkeit wie ein nie versiegender Bach« (Amos 5,21–24).

Vielleicht braucht es auch eine Rückbesinnung auf die einfache, verständliche und wahrhaftige Sprache Jesu, der in der Bergpredigt Eindeutigkeit anmahnt: »Eure Rede sei: Ja Ja, Nein, Nein; was darüber hinausgeht, stammt vom Bösen« (Matthäus 5,37). Denn eines ist sicher: Die alte Sprache hat ausgedient. Eine Kirche, die sich wirklich zu den Menschenrechten bekennt, muss auch eine neue Sprache finden, zuvor aber einfach schweigen und zuhören. Denn längst tönt es den Überbringern kirchlicher Verlautbarungen wie ein vielstimmiger Chor entgegen: Wir stehen nicht mehr für eure Diskriminierung zur Verfügung, wir stehen aber auch nicht mehr für euer Mitleid und für eure doppelbödigen Betroffenheitsbekundungen zur Verfügung!

Verrat am Evangelium?

Kapitel 6

Die notwendige Bekehrung zur Gewaltlosigkeit

Die Allgemeine Erklärung der Menschenrechte von 1948 legt Werte fest, die alle Menschen unabhängig von ihrer Zugehörigkeit zu einem Staat oder einer Gemeinschaft vor willkürlicher Gewalt schützen sollen.

Die Erfahrung von Gewalt durchdringt weltweit ausnahmslos alle Lebensbereiche. Die Weltgesundheitsorganisation (WHO) prägte im Jahr 2002 in ihrem Weltbericht »Gewalt und Gesundheit« eine bis heute gültige Definition von Gewalt: »Gewalt ist eine Weltgeißel, die das Gefüge von Gemeinschaften zerreißt und Leben, Gesundheit und Glück von uns allen bedroht.« Der Bericht definiert Gewalt als »absichtliche(n) Gebrauch von angedrohtem oder tatsächlichem körperlichem Zwang oder physischer Macht gegen die eigene oder eine andere Person, gegen eine Gruppe oder Gemeinschaft, der entweder konkret oder mit hoher Wahrscheinlichkeit zu Verletzungen, Tod, psychischen Schäden, Fehlentwicklung oder Deprivation führt«. In der Typologie der Gewalt der WHO wird die jeweilige Form der Gewaltausübung spezieller gefasst als körperliche, psychische, sexuelle Gewalt, Vernachlässigung.

Es ist eine unbestreitbare Tatsache in der gesamten Kirchengeschichte und auch in der Gegenwart: Menschen erlebten und erleben *in* der Kirche und *durch* sie Gewalt. Am offensichtlichsten geschah dies in den letzten Jahrzehnten in Form der sexualisierten Gewalt, die in vielen Fällen die physische und psychische Gesundheit von Menschen zerstört oder nachhaltig geschädigt hat. Aber auch durch geistlichen Missbrauch, Machtmissbrauch, durch strukturelle Diskriminierung und Ausgrenzung erfuhren Menschen Gewalt im Rahmen der Kirche. Und dies geschieht auch heute noch.

Immer sind mit der verübten Gewalt eine Abwertung und Beschämung des Opfers verbunden. Gewalt kann dabei sehr subtil, aber trotzdem massiv sein, zum Beispiel durch religiöse Überhöhung und die Verpflichtung zur Geheimhaltung. Psychische Gewalt hinterlässt keine äußerlich sichtbaren Verletzungen und wird daher häufig bagatellisiert. Gerade im Kontext der sexualisierten Gewalt belegen viele Berichte, dass Täter gezielt ein Vertrauensverhältnis mit dem Opfer aufbauten, damit es die Gewalt nicht erkennt. Durch alle Erzählungen von Menschen, deren Würde in der Kirche verletzt wird, zieht sich das Thema Gewalt in seinen unterschiedlichen Ausformungen, bis hin zu der Gewalt, die sich in dem weit verbreiteten Klima der Angst niederschlägt.

Die subtilen Formen der Gewalt sind mir vor allem in den Monaten vor Augen geführt worden, in denen wir uns zu der Aktion »OutInChurch« zusammengeschlossen haben. Ich weiß nicht wirklich, wie es Menschen ergeht, die sexualisierte Gewalt erfahren haben, denn ich habe diese Erfahrung selbst nicht durchleben müssen. Ich kann mich auch nicht wirklich in Frauen hineinversetzen, die in dem Buch »Weil Gott es so will« davon erzählen, wie sie in der Kirche daran gehindert wurden, ihre Berufung zu leben. Nur erahnen kann ich, was manche von ihnen berichten: dass ihnen schon als kleines Mädchen klar wurde, dass sie nicht Priesterin werden können, weil sie kein Junge sind, auch wenn sie es sich noch so sehr gewünscht haben. Wie ihnen damit schon in der Kindheit vermittelt wurde, dass ihr Geschlecht in den Augen der Kirche ein Defizit darstellt. Allein diese Schilderungen zu lesen, führt mir das Gewaltpotenzial vor Augen, das die kirchliche Lehre durch die Abwertung von Frauen in sich trägt – einmal ganz davon abgesehen, welche Folgen die kirchliche Abwertung für die so lange bestehende gesellschaftliche Diskriminierung von Frauen in unterschiedlichen Lebensbereichen bis hinein in das private Umfeld hatte. Gerade ältere Frauen können auch heute noch von ihren konkreten körperlichen Gewalterfahrungen erzählen, die sie in ihrer Ehe machen mussten. Gewalt, die von Ehemännern verübt wurden, die sich dazu – zumindest indirekt – durch die kirchliche Lehre berechtigt und bestätigt sahen. Schließlich sollte die Frau ja dem Mann untertan sein, meinten sie. Das Gesetz, das Vergewaltigungen in der Ehe in Deutschland zur Straftat erklärte, trat unter den gleichen Vorzeichen erst am 1. Juli 1997 in Kraft – vor gerade einmal 25 Jahren!

Wovon ich aus eigener Erfahrung sprechen kann, ist die Gewalt, die nicht-heterosexuelle Menschen in der Kirche erlebt haben und immer noch erleben. Der Philosoph Ruben Schneider hat sich in den letzten Jahren in mehreren Veröffentlichungen mit der kirchlichen Lehre und ihren psychischen Folgen für Homosexuelle befasst. Dabei klärt er über eine verbreitete Form der Gewalterfahrung auf, den sogenannten Minoritätenstress, der massive psychische Folgen bis hin zur Suizidalität haben kann. Basis für seine Analyse ist das Minoritätenstressmodell von Ilan H. Meyer (Ilan H. Meyer, Prejudice, social stress, and mental health in lesbian, gay, and bisexual populations: Conceptual issues and research evidence, in: Psychological Bulletin, 129 (2003) 5, S. 67–697).

Minoritätenstress wird als der vermehrte Stress identifiziert, dem Angehörige von stigmatisierten sozialen Gruppen aufgrund ihrer Minderheitenposition ausgesetzt sind. Er setzt sich zusammen aus gesellschaftlicher Stigmatisierung, der Erfahrung von Diskriminierung und Gewalt sowie verinnerlichten negativen Einstellungen gegenüber der eigenen Gruppe. Ruben Schneider spricht in diesem Kontext von »internalisierter Homophobie« als Übernahme der negativen Urteile, wie sie das kirchliche Lehramt transportiert, über die eigene Sexualität in der Pubertät.

Die abwertende Sexualmoral der Kirche gegenüber nicht-binären beziehungsweise nicht-heterosexuellen Personen trägt dazu bei, dass Menschen ihres authentischen Selbst beraubt werden. Schneider bringt die möglichen Folgen auf den Punkt: »In der Sexualmoral geht es konkret um Menschenleben. Diese Spannung kann vor allem bei Heranwachsenden zum Suizid führen« (https://www.feinschwarz.net/seelischer-missbrauch-an-homosexuellen-die-psychischen-folgen-der-kirchlichen-lehre/).

Ich persönlich hatte das Glück, dass ich mit meinem Schwulsein nie Ablehnung in meiner Familie oder im Freundeskreis erfahren habe. Ich hatte das Geschick, dass ich mir Arbeitsfelder in der Kirche gesucht habe, in denen ich einer direkten Ablehnung lange ausweichen konnte oder mich ihr in meinem Alltag nicht aussetzen musste. Aber ich habe mein ganzes berufliches Leben mit der Gewissheit zugebracht, dass es etwas an mir gibt, das mich eigentlich nicht dazu berechtigt, Priester zu sein und mehr noch, dass ich eigentlich dafür dankbar sein muss, wenn ich in dieser Kirche wenigstens geduldet bin. Ich habe Momente erlebt, in denen ich Existenzangst hatte, weil ich befürchtete, jemand könnte mich outen und ich könnte meinen Beruf verlieren. Die Aneignung der ablehnenden Haltung, die »internalisierte Homophobie«, von der Ruben Schneider immer wieder spricht, hatte auch mich erfasst, was unterschiedliche körperliche und psychische Auswirkungen hatte, bis zu dem Punkt, an dem ich mich der Frage stellen musste, ob mein Weg als schwuler Mann in der Kirche für mich selbstzerstörerisch und letztlich lebensgefährlich ist. Erschrocken war ich, als im Zug der Initiative »OutInChurch«

wesentlich jüngere Menschen von ihren Kämpfen mit der eigenen sexuellen Orientierung oder geschlechtlichen Identität erzählten, von ihrem Gefühl, nicht nur die Kirche, sondern Gott lehne sie ab, und von Gedanken an Suizid. Im Blick auf meine eigenen Verwundungen und beinahe noch mehr im Blick auf junge Menschen, die so etwas heute noch in der Kirche erleben müssen, bin ich traurig und wütend über diese Gewalt. Und ich möchte, dass das aufhört! Es darf nicht sein, dass das einfach so weitergeht!

Aber ist die Kirche überhaupt dazu in der Lage, ihre Aussagen zu korrigieren, die über Jahrhunderte hinweg all denen Gewalt antat, die nicht in das Schema einer falschen Naturrechtslehre passten? Ist sie in der Lage, die immer wiederkehrenden fundamentalistischen Auslegungen einzelner biblischer Texte zur Homosexualität ein für alle Mal in die Schranken zu weisen? Gehört die Diskriminierung von Frauen und LGBTIQ+-Personen tatsächlich zur DNA der Kirche, wie manche wenig hoffnungsvoll feststellen? Im Manifest von »OutInChurch« haben wir uns zu diesen Fragen positioniert: »Eine solche Diskriminierung ist ein Verrat am Evangelium und konterkariert den evangeliumsgemäßen Auftrag der Kirche, der darin besteht, ›Zeichen und Werkzeug für die innigste

Vereinigung mit Gott wie für die Einheit der ganzen Menschheit‹ (Zweites Vatikanisches Konzil, Lumen Gentium 1) zu sein. Angesichts dieser Zustände wollen wir nicht länger schweigen. Wir fordern eine Korrektur menschenfeindlicher lehramtlicher Aussagen – auch in Anbetracht weltweiter kirchlicher Verantwortung für die Menschenrechte von LGBTIQ+-Personen.« Der letzte Halbsatz scheint mir ein besonders wichtiger zu sein, gerade im Blick auf die Rolle der katholischen Kirche in manchen Ländern, in denen LGBTIQ+-Personen unter Verfolgung zu leiden haben oder sogar mit dem Tod bedroht werden. Allein diesen Menschen sind wir es schuldig, uns für die Einhaltung der Menschenrechte in der Kirche einzusetzen.

In vielen afrikanischen Ländern sind unter der jeweiligen Kolonialherrschaft Gesetze erlassen worden, die bis heute gelten und die gleichgeschlechtliche Beziehungen kriminalisieren, häufig unter Zutun der offiziellen katholischen Kirche, wie zum Beispiel in Nigeria. Hier und in Mauretanien, Somalia und Südsudan droht dafür sogar die Todesstrafe. Wo auch immer Bischöfe Hass gegen Menschen schüren oder billigen, ob in Nigeria oder in Polen, muss ihnen offen entgegengetreten werden. Es darf kein Gebot der Nichteinmischung geben, nur weil es sich um eine andere Bischofskonferenz in einem anderen Land handelt. Wenn Bischöfe in einem anderen Land Gesetze gutheißen, die für Menschen Verfolgung, Diskriminierung oder sogar den Tod bedeuten können, geht das in der Universalkirche alle an.

Ich weiß nicht, ob es der Kirche in ihrer jetzigen Gestalt gelingt, sich konsequent auf den Weg der Gewaltlosigkeit zu begeben, die Missbrauchsverbrechen wahrhaftig aufzudecken und einzugestehen, die Täter vor Gericht zu bringen und die diskriminierenden Aussagen in der Lehre zu ändern. Aber ich bin davon überzeugt, dass Gewalt nicht zur DNA des christlichen Glaubens gehört, im Gegenteil. Nur, weil ich dieser Überzeugung bin, kann ich persönlich noch in dieser Kirche bleiben. Sie stützt sich auf über dreißig Jahre, seit denen ich mich auf der Grundlage der historischen Kritik mit den biblischen Quellen befasse und Texte in ihren jeweiligen zeitgeschichtlichen Kontexten zu lesen gelernt habe. Deshalb komme ich für mich zu dem Schluss, dass eine Auslegung der Schrift, die im Einklang mit den Menschenrechten steht, die heute zeitgemäße und legitime Auslegung darstellt. Denn die biblische Botschaft in der Tradition der Prophet:innen der Hebräischen Bibel und das Evangelium Jesu von Nazareth hegen eine durchgängig tiefe Skepsis gegenüber politischen und religiösen Institutionen, die ihre Macht missbrauchen und Gewalt ausüben. Das Streben nach Gerechtigkeit zieht sich wie ein roter Faden durch die Bibel. Der Aufruf Jesu zur Gewaltlosigkeit in der Bergpredigt (Matthäus 5), von der Nächsten- und Feindesliebe (Matthäus 5,43–44) und die Kritik an denen, die durch religiöse Vorschriften anderen schwere Lasten aufbürden, sie unterdrücken und am Leben hindern (Matthäus 23,4), setzen so eindeutige Impulse, dass sie nicht übertönt werden können, auch nicht von Texten, in denen von Gewalt erzählt oder sogar Gewaltanwendung im Namen Gottes gerechtfertigt wird.

Die »Goldene Regel«, die in so vielen Religionen und auch in der christlichen Tradition fest verankert ist, entzieht schließlich jeder körperlichen und psychischen Gewaltanwendung, ganz gleich, ob sie individuell oder strukturell ausgeübt wird, den Boden: »Alles, was ihr wollt, dass euch die Menschen tun, das tut auch ihnen! Darin besteht das Gesetz und die Propheten« (Matthäus 7,12). Kant hat diese Regel in seinem »Kategorischen Imperativ« unabhängig von religiösen Begründungen formuliert und ihr damit den Weg in die säkularen Gesellschaften gebahnt: »Handle nur nach derjenigen Maxime, durch die du zugleich wollen kannst, dass sie ein allgemeines Gesetz werde.«

Das Engagement für Gewaltlosigkeit und ein Ende der Diskriminierung steht für mich in dieser biblischen Tradition, die in ihrer Grundausrichtung sowohl in der Hebräischen Bibel als auch im Neuen Testament die Eindämmung von Gewalt zum Ziel hat. Davon ließen sich Mahatma Gandhi und Martin Luther King in ihrem Eintreten für Gewaltlosigkeit inspirieren. Mit dem gleichen Atemzug, mit dem ich diese These vertrete, muss ich auch feststellen, dass das Christentum wie alle Religionen, in denen Autorität von einer höheren Macht abgeleitet wird, grundsätzlich Gewaltpotenzial in sich trägt. Dieses Potenzial zu leugnen, wäre unangemessen und gefährlich. Auch hier braucht es Wahrhaftigkeit.

Die Aufgabe einer Institution, die die Botschaft Jesu von der Gewaltlosigkeit glaubwürdig in die Gegenwart übersetzen will, ist es, dieses Gewaltpotenzial zu erkennen und ihm entgegenzuwirken, eben weil es der Botschaft Jesu widerspricht. Aber auch an dieser Stelle gilt: Der Schutz vor willkürlicher Gewalt braucht in der Kirche nicht die unmittelbare Herleitung durch die zurückliegende kirchliche Lehre oder durch die biblische Tradition. Er wäre auch ohne eine unmittelbare Herleitung aus der Bibel angesagt. Denn die Bibel ist auf die jeweilige Gegenwart angewiesen, um sie richtig lesen zu können. Sich für die Einhaltung der Menschenrechte und für das Ende der verschiedenen Formen von Gewalt einzusetzen, ist also viel stärker eine innere Verpflichtung, die ich gemeinsam mit vielen anderen in der christlichen Tradition und in der konkreten Kirche verwirklichen will, weil es die Gegenwart verlangt. Denn die Sensibilität für die verschiedenen Formen der körperlichen, besonders aber der psychischen sowie der strukturellen Gewaltanwendung ist in den letzten Jahrzehnten weltweit gewachsen, auch unter dem Eindruck der UN-Menschenrechtscharta. Aus dem Engagement von Menschen- und Bürgerrechtsbewegungen, aus dem Kampf gegen Rassismus und vor allem nach dem Schrecken der Shoa haben sich unterschiedliche Konzepte von Gewaltlosigkeit in der Menschheit entwickelt und verbreitet. Noch vor einhundert Jahren wäre es nahezu unvorstellbar gewesen, von »toxischen Beziehungen« zu sprechen, eine »gewaltfreie Erziehung« zu verlangen, überhaupt sexualisierte Gewalt zum Thema zu machen oder Gewalt im häuslichen Bereich zu ächten. Es war die amerikanische Bürgerrechtsbewegung, die Marshall Rosenberg den Anstoß dazu gab, das Prinzip der »gewaltfreien Kommunikation« zu entwickeln und weltweit in unterschiedliche Kontexte zu übersetzen, angefangen von der schulischen Erziehung bis hin zur Unternehmensführung. Es war der gewaltlose Widerstand Mahatma Gandhis, der den israelischen Psychologen Haim Omer anregte, das »Prinzip der Neuen Autorität« zu entfalten, zunächst als Antwort auf die Autoritätsprobleme einer Erziehung, die lange auf Distanz, Furcht und Bestrafung gesetzt hatte. Inzwischen ist dieses Prinzip, das auf die Aufrechterhaltung von Beziehung und auf Formen entschlossenen Handelns ohne Anwendung von Gewalt setzt, sozusagen rückübersetzt worden in gesellschaftliche Zusammenhänge. All dies sind im Wesentlichen Entwicklungen der vergangenen siebzig Jahre, die sich auch auf das »System Kirche« auswirken.

Verrat am Evangelium?

Kapitel 7

Mehr Demokratie wagen

»Wir wollen mehr Demokratie wagen.« 1969 äußerte Willy Brandt diesen Satz in seiner ersten Regierungserklärung als deutscher Bundeskanzler. Er war der Überzeugung, dass notwendige gesellschaftliche Reformen nur zu bewältigen seien, wenn sich viele Menschen daran beteiligten. Dafür sollten die Bürger:innen aber zuerst die Untertanenmentalität ablegen, die in dieser Zeit vor allem in der mittleren und älteren Generation immer noch weit verbreitet war. »Wir haben so wenig Bedarf an blinder Zustimmung, wie unser Volk Bedarf hat an gespreizter Würde und hoheitsvoller Distanz«, so Brandt. Etwas mehr als zwanzig Jahre nach dem Ende der nationalsozialistischen Diktatur hatten viele Deutschen noch nicht wirklich verinnerlicht, dass Demokratie nicht nur entsprechende staatliche Strukturen braucht, sondern vor allem das Loslassen autoritärer Denk- und Verhaltensmuster in der Bevölkerung.

Schließlich kam Hitler 1933 nicht durch einen Putsch an die Macht, sondern innerhalb formaler demokratischer Strukturen mit den Stimmen von Wähler:innen, die sich ein autoritäres System wünschten. Es war die Bevölkerung, die den Nationalsozialisten zur Macht verhalf. Der Demokratie fehlte es an Demokrat:innen. Nur im Koordinatensystem eines autoritären Regimes, das von einer Mehrheit getragen wurde, konnte sich auch die Unkultur des Wegschauens und Schweigens, der Denunziation und des Mitläufertums entwickeln, die den Massenmord an der jüdischen Bevölkerung erst möglich machte.

Brandt wusste: Der Schutz der Menschenwürde, zu dem das Grundgesetz den Staat verpflichtet hatte, ist am besten in einer Demokratie zu verwirklichen. Er wusste aber auch: Äußere demokratische Strukturen allein bieten noch keine Garantie dafür, dass Menschenrechte tatsächlich geachtet werden. Mindestens genauso wichtig sind die Haltung der Einzelnen und ein Wertesystem, das auch in einer Demokratie nicht einfach von der Mehrheitsmeinung abhängig ist. Hinter dem Satz »Wir wollen mehr Demokratie wagen« stand die Erkenntnis, dass es so etwas wie einen Bewusstseinswandel, eine »Bekehrung« zur Demokratie brauchte. Oder, um es in der Sprache der Bibel zu sagen, eine *Metanoia*, eine Umkehr im Sinn eines grundsätzlichen Umdenkens und einer ebenso grundsätzlichen Verhaltensänderung, die sich unter dem Eindruck einer neu gewonnenen Erkenntnis einstellen. Denn genau das meint der griechische Begriff der *Metanoia*, der im Zentrum des Umkehrrufs Jesu ganz zu Beginn seines Weges im Markusevangelium steht: »Die Zeit ist erfüllt, das Reich Gottes ist nahe. Kehrt um und glaubt an das Evangelium!« (Markus 1,15).

Spätestens seit der Aufdeckung der systemischen Ursachen des Missbrauchs durch die MHG-Studie setzt sich in der Kirche nahezu unstrittig die Erkenntnis durch, dass die toxische Verbindung von einem überhöhten Amtsverständnis und nahezu unkontrollierter Macht zum typisch »katholischen Geschmack« des Missbrauchs gehört: »Sexueller Missbrauch ist vor allem auch Missbrauch von Macht« (MHG-Studie, S. 13). Die Studie charakterisiert drei Grundmuster von Tätern, darunter den »narzisstisch-soziopathischen Typus [...], der seine Macht nicht nur beim sexuellen Missbrauch von Kindern und Jugendlichen, sondern auch in anderen Kontexten in inadäquater Weise ausübt. Der sexuelle Missbrauch erscheint dabei als eine von mehreren Formen des narzisstischen Machtmissbrauchs« (S. 12). Neben anderen strukturellen Komponenten wird der Klerikalismus als spezifisch kirchliche Form des Machtmissbrauchs identifiziert: »Klerikalismus meint ein hierarchisch-autoritäres System, das auf Seiten des Priesters zu einer Haltung führen kann, nicht geweihte Personen in Interaktionen zu dominieren, weil er qua Amt und Weihe eine übergeordnete Position innehat. Sexueller Missbrauch ist ein extremer Auswuchs dieser Dominanz. Bei Kirchenverantwortlichen kann ein autoritär-klerikales Amtsverständnis dazu führen, dass ein Priester, der sexualisierte Gewalt ausgeübt hat, eher als Bedrohung des eigenen klerikalen Systems angesehen wird und nicht als Gefahr für weitere Kinder oder Jugendliche oder andere potenzielle Betroffene« (S. 13).

Man kann der Deutschen Bischofskonferenz zugutehalten, dass sie unter dem Eindruck der MHG-Studie nicht wie in den vorausgegangenen Jahren nur weitere Präventionsmaßnahmen oder Kontrollinstrumente beschlossen hat. Sie hat den grundsätzlichen Umkehrruf gehört, der mit den Erkenntnissen aus dieser Studie an ihr Ohr gedrungen war. Auch den meisten Bischöfen wurde bewusst: Es braucht eine Neuausrichtung im »System Kirche«. Und für diese Neuausrichtung braucht es einen Prozess, der das gängige hierarchische System »demokratisiert«.

Der Synodale Weg bedeutet noch keine Demokratie, aber er ist ein in der jetzigen kirchlichen Verfassung mögliches Instrument der Beteiligung. Die erste wichtige Erkenntnis bei einem Großteil der deutschen Bischöfe, die zu einer Art *Metanoia* geführt hat, war: Es ist nicht möglich, die systemischen Ursachen für den Machtmissbrauch unter den herkömmlichen Bedingungen des hierarchisch-klerikalen Machtsystems zu ändern. Deshalb hat die Bischofskonferenz 2019 das Zentralkomitee der Deutschen Katholiken dazu eingeladen, den gemeinsamen Synodalen Weg zu starten. Das Thema »Macht und Gewaltenteilung in der Kirche« war als zentraler Inhalt sehr schnell gesetzt. Die Erkenntnisse aus der MHG-Studie waren nicht mehr zu leugnen: Um die Würde der Menschen in der Kirche zu schützen, braucht es eine Neuausrichtung in der Vergabe und Kontrolle von Macht.

Deshalb stehen die Themen Gewaltenteilung, Machtkontrolle und Partizipation im Mittelpunkt der Arbeit im Synodalforum 1, das in seinem im Februar 2022 in zweiter Lesung mit großer Mehrheit beschlossenen »Grundtext« eine »spirituelle und institutionelle Umkehr« in Fragen des Umgangs mit Macht ankündigt und gleichzeitig eine »Inkulturation in die Demokratie« fordert: »Die Kirche anerkennt Demokratie und Menschenrechte als eine Form des Zusammenlebens, die der Freiheit und der gleichen Würde der Menschen entspricht. Das Kirchenrecht spricht, das Zweite Vatikanische Konzil aufgreifend (Lumen Gentium 32), von der wahren Gleichheit der Gläubigen aufgrund der Taufe (can. 208 CIC). Bei aller notwendigen Unterscheidung zwischen Kirche und Staat gilt es, dieses normative Fundament auch in der Machtordnung der Kirche anzuerkennen und wirksam werden zu lassen: in Form gleichberechtigter Teilhabe und gemeinsamer Verantwortung für ihren Sendungsauftrag« (Grundtext »Macht und Gewaltenteilung«, S. 20).

Der Text macht ernst mit dem Aufruf Brandts, der Demokratie als Haltung stärken wollte und überträgt diese Deutung von Demokratie als Haltung in den kirchlichen Kontext: »Demokratie ist nicht nur eine Form staatlicher Herrschaft, sondern auch eine Lebensform: Menschen kommen als Freie und Gleiche zusammen, lernen voneinander, hören auf die Erfahrungen und Argumente der anderen und ringen gemeinsam um gute Lösungen. Möglich sind solche Lernprozesse, wenn Dialogbereitschaft, Respekt voreinander und die Offenheit für neue, andere Argumente die Interaktionen prägen. Menschen, die einander so als Gleiche begegnen und in einer vitalen staatlichen Demokratie leben, erwarten dies auch in ihrer Kirche« (Grundtext »Macht und Gewaltenteilung«, S. 21).

Viele Synodal:innen bestätigen, dass sich seit der ersten Synodalversammlung im Januar 2020 bereits so etwas wie eine fortschreitende demokratische Kultur entwickelt habe. Gerade junge Synodal:innen machen vor, wie die freie Rede unter Gleichen funktioniert. Wer über den Livestream die Synodalversammlungen mitverfolgt, kann dies bestätigen. Die Diskussionen werden offener geführt als noch am Anfang. Das hierarchische Gefälle und damit die Angst, die eigene Meinung auch abweichend von einer bischöflichen Meinung zu äußern, haben in den Diskussionen merklich abgenommen. Der Livestream ist in meinen Augen übrigens eine der wertvollsten Errungenschaften des Synodalen Weges, denn er sorgt zusätzlich für Öffentlichkeit und damit für Transparenz, wie sie für demokratische Prozesse notwendig sind. Selbst die Sitzungen der Bischofskonferenz würden schon dadurch ein Stück demokratisiert, wenn sie wenigsten in weiten Teilen für die Öffentlichkeit zugänglich und nicht hinter verschlossenen Türen stattfinden würden.

Die Texte des Synodalen Weges beziehen sich zu Recht immer wieder auf biblische Quellen beziehungsweise auf die kirchliche Tradition, um eine

Demokratisierung der Kirche zu begründen. Denn auch jenseits formaler Strukturen, die heutigen demokratischen Standards entsprechen würden, gibt es so etwas wie ein demokratisches Bewusstsein, das sich durch die Tradition zieht. Biblisch drückt sich das in der skeptischen Haltung gegenüber Königen und charismatischen Führergestalten in Israel aus. Für die Prophet:innen in Israel gab es nur einen wahren König: Gott. Und auch die Kritik Jesu an dem hierarchisch-patriarchalen System seiner Zeit lehnte sich an diese prophetische Tradition an. Der Vater, der in der Sippe über alles Wesentliche im Leben der Sippenmitglieder entschied, wird in der Predigt und Praxis Jesu sozusagen entmachtet. Frauen und Männer, die sich der Nachfolgegemeinschaft Jesu anschlossen, verließen dafür ganz bewusst das hierarchische Machtsystem der Sippe und wurden Mitglied in einer egalitären Gemeinschaft. Am deutlichsten kommt dies für die Zeitgenoss:innen Jesu zum Ausdruck, wenn er aufzählt, welchen Gewinn man davon hat, wenn man das herkömmliche Ordnungssystem hinter sich lässt: »Jeder, der um meinetwillen und um des Evangeliums willen Haus oder Brüder, Schwestern, Mutter, Vater, Kinder oder Äcker verlassen hat, wird das Hundertfache dafür empfangen. Jetzt, in dieser Zeit, wird er Häuser und Brüder, Schwestern und Mütter, Kinder und Äcker erhalten, wenn auch unter Verfolgungen, und in der kommenden Welt das ewige Leben« (Markus 10,29–30).

Bedeutsam ist an dieser Stelle die Aufzählung der Sippenmitglieder, die man verlässt, und die Aufzählung derer, die man in der neuen Weltordnung hundertfach wiederfindet: Wer in der »kommenden Welt« fehlt, das sind die Väter. Gemeint ist hier nicht die biologische Vaterschaft und auch nicht die Beziehungskategorie, sondern die Rolle des Vaters als allmächtiges Oberhaupt der Sippe. Es gibt in der neuen Ordnung, die Jesus vor Augen hat und bereits praktiziert, keinen Platz mehr für autoritär herrschende Sippenchefs. Es gibt nur noch einen Vater, und das ist Gott, der in den Evangelien im Bild des guten und barmherzigen Vaters begegnet (Lukas 15,11–32) – ein Gegenbild zu den herkömmlichen Vätern.

In der Nachfolgegemeinschaft Jesu sollte sich also Macht neu organisieren: nicht mehr von oben nach unten, sondern eher in einem egalitären System von gleichwürdigen Schwestern und Brüdern. Paulus übersetzte diese Haltung in seinen konkreten Kontext. Auch ihm ging es zuerst darum, das Selbstbewusstsein der Gläubigen zu stärken. Wer zur christlichen Gemeinde gehört, sollte nicht mehr Untertan sein. Ganz in der Logik der römischen Gesellschaftsordnung schreibt er an die Gemeinde von Ephesus: »Ihr seid also jetzt nicht mehr Fremde und ohne Bürgerrecht, sondern Mitbürger der Heiligen und Hausgenossen Gottes« (Epheser 2,19). Es gibt für ihn so etwas wie ein himmlisches Bürgerrecht, das alle Christ:innen mit den gleichen Rechten und Pflichten ausstattet, unabhängig davon, welche Position sie in der weltlichen Gesellschaft zugewiesen bekamen. Es muss eine ungeheure Zumutung für die »Herren« in den paulinischen Gemeinden gewesen sein, dass Paulus von ihnen verlangte, ihre Sklav:innen, die wie sie zum christlichen Glauben gefunden hatten, als gleichrangig anzuerkennen, als Schwestern und Brüder, als »Mitbürger:innen«. Die Botschaft Jesu demokratisierte sozusagen das Bewusstsein der Menschen in seiner Nachfolge und verlieh ihnen damit zumindest eine innere Unabhängigkeit gegenüber den nach wie vor geltenden gesellschaftlichen hierarchischen Ordnungssystemen, die von Machtmissbrauch und Willkür geprägt waren.

Etwas von diesem Selbstbewusstsein hat sich selbst in der späteren Tradition der Kirche, die sich in ihrer Struktur längst von der Gemeinschaft der Gleichgestellten verabschiedet hatte und wieder zu gesellschaftlich herkömmlichen hierarchischen Herrschaftsformen zurückgekehrt war, erhalten.

Beinahe subversiv demokratisch blitzt im Zweiten Vatikanischen Konzil ein Begriff auf, der dieses alte Selbstbewusstsein wieder aufscheinen lässt: der *sensus fidei* (Glaubenssinn) beziehungsweise *sensus fidelium* (Sinn der Gläubigen). Gemeint ist damit das natürliche Empfinden der Gemeinschaft der Gläubigen für das, was im Leben und in der Lehre der Kirche dem Evangelium entspricht. Neben dem offiziellen kirchlichen Lehramt hat dieser Glaubenssinn, wenn er sich zu einem *consensus fidelium* (»Einhelligkeit der Glaubenden«) formt, höchste Autorität. In der Dogmatischen Konstitution über die Kirche, dem Konzilsdokument *Lumen Gentium*, heißt es dazu: »Die Gesamtheit der Glaubenden [...] kann im Glauben nicht irren. Und diese ihre besondere Eigenschaft macht sie durch den übernatürlichen Glaubenssinn *(mediante supernaturali sensu fidei)* des ganzen Volkes dann kund, wenn sie ›von den Bischöfen bis zu den letzten gläubigen Laien‹ (Augustinus) ihre allgemeine Übereinstimmung in Sachen des Glaubens und der Sitten äußert« (LG 12).

2014 befasste sich die Internationale Theologische Kommission in einem eigenen Papier mit dem »*Sensus fidei* und *sensus fidelium* im Leben der Kirche«. Die Kommission bekräftigte dort: »Demzufolge haben die Gläubigen einen Instinkt für die Wahrheit des Evangeliums, der ihnen ermöglicht, echte christliche Lehre und Praxis zu erkennen und zu befürworten sowie zurückzuweisen, was falsch ist. Dieser übernatürliche Instinkt, der zutiefst mit der Gabe des Glaubens verbunden ist, die in der Gemeinschaft der Kirche empfangen wird, wird ›sensus fidei‹ genannt, und er erlaubt den Christen, ihre prophetische Berufung zu erfüllen« (Internationale Theologische Kommission, »Sensus fidei und sensus fidelium im Leben der Kirche«, Nr. 2). Die Theologische Kommission stellt in ihrem Papier abschließend fest, dass der »›Sensus fidei‹ eine äußerst wichtige Ressource für die neue Evangelisierung« darstelle (Nr. 127).

Es gibt so etwas wie einen neuen consensus fidelium, der sich nach der Aufdeckung der Missbrauchsverbrechen und ihrer systemischen Ursachen in vielen Ländern herausgebildet hat, vielleicht derzeit am deutlichsten in den Themensetzungen und Dokumenten des Synodalen Weges. Die nahezu übereinstimmende Überzeugung nämlich, dass es Kirche nur noch in einer anderen Gestalt als der herkömmlichen geben kann. Johanna Beck, seit 2020 eine der Sprecher:innen des Betroffenenbeirats der Deutschen Bischofskonferenz, brachte es für mich in ihrem Eingangsstatement zur Online-Konferenz der Synodalversammlung am 4. Februar 2021 auf den Punkt: »Stellt somit nicht eine umfassende *Metanoia*, eine (im wahrsten Sinne des Wortes) radikale Reform der missbrauchsbegünstigenden Machtstrukturen, eine Beendigung der Diskrepanz zwischen kirchlicher Botschaft und kirchlicher Wirklichkeit, auch eine – wenn nicht *die* – Form von Evangelisierung dar?« Liest man diese Aussage unter dem Vorzeichen der Lehre vom *sensus fidelium* und unterstreicht sie noch mit der Rede Bischof Overbecks vom »Lehramt der Betroffenen«, wird einem bewusst, in welch großem Transformationsprozess sich Kirche gerade befinden könnte, wenn ihre aktuellen Verantwortungsträger auf diese Stimme hörten.

Der Blick in die biblischen Quellen, in die Tradition der kirchlichen Lehre und auf die aktuellen Diskussionen und Dokumente des Synodalen Weges macht deutlich: Zumindest das demokratische Selbstbewusstsein, das genauso wichtig ist wie formale demokratische Strukturen, muss in der Kirche nicht neu erfunden werden. Es bewegt sich auch nicht im Widerspruch zur kirchlichen Tradition, sondern ist fest in ihr und im heutigen Glaubenssinn vieler Christ:innen verankert. Demokratisierung hieße also tatsächlich auch Evangelisierung. Die Orientierung an den Menschenrechten, denen sich die Demokratien verschrieben haben, wäre gleichzeitig eine Bekehrung zum Evangelium, wie es sich in der Gegenwart entfaltet. »Wir haben so wenig Bedarf an blinder Zustimmung, wie unser Volk Bedarf hat an gespreizter Würde und hoheitsvoller Distanz« – der Satz, den Brandt 1969 in seiner Regierungserklärung prägte, könnte beinahe eine Zusammenfassung dieser Tradition sein und ein Ausdruck für ein neu zu erweckendes Selbstbewusstsein in der Kirche.

Ja, die Kirche ist keine Demokratie, aber sie sollte mehr Demokratie wagen, und das nicht nur zum Schein. Die richtigen Schlüsse aus der Aufdeckung der Missbrauchsverbrechen zu ziehen heißt, sich in der Kirche auf den wirksamsten Weg des Menschenrechtsschutzes zu begeben. Um Macht verlässlich kontrollieren zu können, braucht es daher mehr Demokratie. Monarchische Prinzipien der Machtausübung sind weder zeitgemäß noch entsprechen sie einem heutigen Verständnis einer Mehrheit der Gläubigen von einem Zusammenleben im Sinn des Evangeliums. Das Festhalten am autoritär-klerikalen Modell erzeugt Mechanismen der Unterdrückung. Es ist gewalttätig. Wer Tatsachenwahrheiten ausspricht oder Kritik übt, lebt gefährlich. In manchen (Erz-)Bistümern ist dieses Modell gegenwärtig noch aktiv. Andere Bischöfe haben begriffen, dass diese Form kirchlicher Machtausübung ein Auslaufmodell ist, denn es bedeutet letztlich Macht ohne Autorität und ohne gesellschaftliche Relevanz. Diese Bischöfe sollten das auch offen aussprechen. Kirchliche »Laienräte« aber, die im Vergleich zu geweihten Amtsträgern 99 Prozent der Katholik:innen repräsentieren, sollten sich daran erinnern, dass sie als Getaufte keine Untertanen sind, sondern »Mitbürger:innen der Heiligen und Hausgenoss:innen Gottes«.

Brandts Kanzlerschaft endete 1974 übrigens mit seinem Rücktritt. Für ihn ein schmerzlicher, aber in einer Demokratie, in der Macht auf Zeit verliehen wird, ein ebenso üblicher Vorgang. Für Brandt war es rückblickend die Chance, seine verlorengegangene Autorität wiederzuerlangen und vielleicht eine seiner überzeugendsten Antworten auf den Appell, den er selbst in seiner Antrittsrede als Bundeskanzler an die Bevölkerung gerichtet hatte: »Wir wollen mehr Demokratie wagen.«

Verrat am Evangelium?

Kapitel 8

Gleichheit in der Würde

»Die Würde des Menschen ist unantastbar. Sie zu achten und zu schützen ist Verpflichtung aller staatlichen Gewalt. Das Deutsche Volk bekennt sich darum zu unverletzlichen und unveräußerlichen Menschenrechten als Grundlage jeder menschlichen Gemeinschaft, des Friedens und der Gerechtigkeit in der Welt« (Grundgesetz der Bundesrepublik Deutschland, Artikel 1, Absatz 1 und 2). Die Menschenwürde steht nicht nur am Anfang des Grundgesetzes der Bundesrepublik Deutschland. Sie ist auch gleichsam das erste Wort der Allgemeinen Erklärung der Menschenrechte von 1948, mit der die Vereinten Nationen den Prozess der internationalen Normierung von Menschenrechtsstandards einleiten: »Alle Menschen sind frei und gleich an Würde und Rechten geboren« (Artikel 1). Im Grundgesetz ist der Artikel 1 übrigens durch die sogenannte »Ewigkeitsklausel« (Artikel 9, Absatz 3) geschützt. Das bedeutet, dass dieser Artikel niemals verändert werden darf, auch dann nicht, wenn sich Mehrheitsverhältnisse so ändern, dass dies auf dem gängigen Weg einer demokratischen Abstimmung möglich wäre. Die Demokratie beschränkt sich an diesem Punkt selbst. Es gibt keinen zentraleren Gedanken in ihr als die Wahrung der Menschenwürde. Dieser Wert ist unverfügbar.

Und in der Kirche?

Zum Ende der ersten Synodalversammlung wurde der Kölner Erzbischof nach seinen ersten Eindrücken gefragt. Alle seine Befürchtungen seien eingetreten, resümierte er damals. Vor allem die aus seiner Sicht offensichtliche Missachtung der hierarchischen Verfasstheit der Kirche, die sich in der Zusammensetzung, Sitzordnung und in den Redebeiträgen der Synodalversammlung ausgedrückt hätten, bereiteten ihm Sorgen: »Ich habe ja sehr deutlich gemacht, dass ich eine große Sorge habe, dass hier quasi ein protestantisches Kirchenparlament durch die Art der Verfasstheit und der Konstituierung dieser Veranstaltung implementiert wird. Das ist für mich eigentlich auch eingetreten. Die wesentlichen Voraussetzungen ekklesiologischer Art mit Blick auf das, was katholische Kirche ist, werden – für meine Begriffe – in vielen Redebeiträgen ignoriert. Das ist ja auch schon das sehr deutlich prägende Bild beim Einzug zum Gottesdienst gewesen, als Bischöfe und Laien alle gemeinsam eingezogen sind und somit zum Ausdruck gebracht wurde, dass da jeder gleich ist. Und das hat eigentlich nichts mit dem zu tun, was katholische Kirche ist und meint« (https://www.domradio.de/artikel/alle-meine-befuerchtungen-eingetreten-kardinal-woelki-uebt-kritik-der-ersten).

Als ich das Interview hörte, musste ich diese Stelle noch einmal abspielen, weil ich es nicht glauben konnte, dass ein Bischof tatsächlich so einen Satz sagt. Aus tiefer Überzeugung und mit definitorischer Gewissheit bestätigte Rainer Maria Wölki das, worunter so viele in der Kirche leiden und was so viele an ihr kritisieren: das hierarchische Gefälle und die Ungleichbehandlung. In mir regte sich Widerspruch. Mir kam sofort der sogenannte Gleichheitssatz in Galater 3,28 in den Sinn, mit dem Paulus die Gleichwürdigkeit aller Getauften feststellt: »Es gibt nicht mehr Juden und Griechen, nicht Sklaven und Freie, nicht männlich und weiblich; denn ihr alle seid einer in Christus Jesus.« Wenn schon nicht im gemeinsamen Gottesdienst, wo dann sollte dieser Satz wirklich gelten? Andererseits dachte ich mir: Immerhin drückt dieser Kardinal ehrlich und unverblümt aus, was tatsächlich der offiziellen Lehre der Kirche entspricht.

Nach der ersten Empörung wurde ich nachdenklicher. Machen sich die Reformwilligen in der Kirche vielleicht doch etwas vor, indem sie durch äußere Zeichen wie die egalitäre Sitzordnung in der Sitzungsaula des Synodalen Weges oder durch den gemeinsamen Einzug in den Frankfurter Dom den Anschein einer Kirche erwecken, die es so gar nicht gibt? Ich glaube tatsächlich, dass gerade in liberalen Kreisen engagierter Katholik:innen bisweilen so etwas vorkommt wie eine systemstabilisierende Leugnung der Realität. Sätze wie »Wir sind doch alle Kirche« blenden manchmal die Realität des hierarchischen Gefälles, der tatsächlichen Ungleichheit und Diskriminierung der kirchlichen Institution aus, um sich selbst besser zu fühlen oder vielleicht auch nur, um das eigene Bleiben zu ermöglichen.

Immer wieder kritisieren in jüngster Zeit Beobachter:innen der Vorgänge in der katholischen Kirche, dass eben nicht nur rechtskonservative Katholik:innen, die am Bestehenden festhalten wollen, sondern indirekt auch liberale Kirchenmitglieder, die die Realität »wegspiritualisieren«, zum Fortbestand der Machtverhältnisse beitragen. Das Leugnen oder Relativieren realer Machtverhältnisse ermöglicht letztlich denjenigen, die als Bischöfe die Verantwortung tragen, sich dieser in der Aufklärung der Missbrauchsverbrechen immer wieder zu entziehen. Christiane Florin stellt dazu mit bitterer Ironie fest: »Die katholische Kirche ist ein Verantwortungsverdunstungsbetrieb. Über der Wirklichkeit liegt ein spiritueller Nebelschleier« (https://www.feinschwarz.net/wahrheit-und-gewissen/). Es ist also angebracht, die Worte des Kardinals, die er für den Einzug der Synodal:innen in den Frankfurter Dom fand, mit etwas Nüchternheit und vor allem mit einem Blick für die Realitäten noch einmal anzuhören.

Ja, er hat Recht, wenn er im gleichen Interview in Erinnerung ruft, dass man nicht den Eindruck erwecken dürfe, dass es sich bei der Synodalversammlung um ein »Kirchenparlament« handele. Denn dazu fehlt dieser Zusammenkunft nicht nur die entsprechende demokratische Legitimation, sondern allen ist bewusst, dass am Ende die Bischöfe frei entscheiden, was sie mit den Beschlüssen und Papieren anfangen. Bischöfe sind nicht an das gebunden, was der Rest des Kirchenvolkes beschließt.

Ja, Wölki hat Recht, wenn er feststellt, dass das Bild vom Einzug in den Dom nichts mit dem zu tun habe, »was katholische Kirche ist«. Aber diese Realität zu sehen, muss ja nicht bedeuten, sich mit ihr abzufinden. Der Widerspruch sollte nur an der richtigen Stelle ansetzen. Denn der Kardinal mag mit der Beschreibung der real existierenden Machtverhältnisse Recht haben, aber er hat aus meiner Sicht Unrecht, wenn er sagt, die äußeren Zeichen der Gleichheit, die auf dem Synodalen Weg gesetzt werden, hätten nichts mit dem zu tun, was katholische Kirche »meint«. Damit unterstellt er, die Kirche, wie sie augenblicklich ist, entspreche tatsächlich dem, wie sie sein sollte, wie sie gemeint ist.

An dieser Stelle ist Widerspruch angezeigt. Hier greift der Verweis auf Galater 3,28, der unter dem Vorzeichen der gleichen Würde aller Getauften die gesellschaftlich wirksamen Rangunterschiede der antiken nicht-christlichen Umgebung in der christlichen Gemeinde auflöste. Der Anspruch an die Kirche in der Nachfolge Jesu ist nach der Überzeugung des Paulus: Alle haben durch die Taufe die gleiche Würde, also darf es unter ihnen auch kein Gefälle, keine Über- und Unterordnung mehr geben. So ist Kirche gemeint, auch die katholische! An diese Normierung zu erinnern, auch durch symbolische Gesten wie die Sitzordnung in der Synodenaula oder den gemeinsamen Einzug in den Dom, ist nicht nur legitim, sondern bedeutsam, wenn man die Verhältnisse ändern will.

Es ist wichtig, gerade heute an einer biblischen Tradition anzuknüpfen, die die Kirchenordnung von der gemeinsamen Würde aus dachte und zu realisieren suchte, auch wenn dieser Versuch vielleicht nur in wenigen Gemeinden und für wenige Jahre tatsächlich funktionierte. Es ist wichtig, daran zu erinnern, dass die katholische Kirche nicht für alle Zeiten so bleiben muss und erst recht nicht in ihren Anfängen so gemeint war, wie sie im 19. Jahrhundert mit politischem Kalkül zementiert wurde – als absolutistische Monarchie, als ein Gegenmodell zu den sich damals entwickelnden liberalen Demokratien.

Die biblische Tradition birgt gerade die Möglichkeit in sich, Kirche heute so zu realisieren, wie sie Paulus mit seinem Bekenntnis im Galaterbrief wohl gemeint hat: als Würdegesellschaft von Gleichgestellten – damals inmitten einer Ständegesellschaft, in der Menschen in Volkszugehörige und Fremde, in Freie und Sklaven, in männliche und weibliche Rollenzuweisungen hineingezwungen wurden. Heute inmitten einer Kirche, die durch die Überhöhung des Amtes ein Machtgefälle erzeugt hat, das Missbrauch ermöglichte. Heute inmitten einer Kirche, in der immer noch

Frauen und queere Menschen abgewertet und ausgegrenzt werden. Diese Würdegesellschaft der Getauften hatte wiederum ihre Begründung nicht nur im Handeln und in der Predigt Jesu, sondern bereits im Zeugnis der Hebräischen Bibel, angefangen von der im Schöpfungshymnus behaupteten Gottebenbildlichkeit des Menschen (Genesis 1,27) bis hin zu den Psalmen, die diese Würde besingen: »Was ist der Mensch, dass du seiner gedenkst, des Menschen Kind, dass du dich seiner annimmst? Du hast ihn nur wenig geringer gemacht als Gott, du hast ihn gekrönt mit Pracht und Herrlichkeit« (Psalm 8,5–6).

Es ist gerade dieser Gedanke der Kirche, die als egalitäre Würdegesellschaft gemeint ist, der ein wichtiger Antrieb sein könnte, um die Institution Kirche zu so verändern, dass sie auf der Höhe der Menschenrechte ankommt. Die entscheidende Brücke zwischen der Kirche und den Menschenrechten könnte diese Idee der gleichen Würde aller sein. Die Allgemeine Erklärung der Menschenrechte übersetzt sozusagen die Anthropologie des Schöpfungshymnus in die Gegenwart und sie universalisiert den paulinischen Gleichheitssatz, der sich im Neuen Testament auf die Getauften beschränkt, für die gesamte Menschheit. So könnte Kirche sein. Und in dieser Richtung muss sie sich verändern, nicht nur, um wieder Anschluss an die demokratischen Gesellschaften zu erhalten und Relevanz für die wichtigen gesellschaftlichen Gegenwartsfragen zu entwickeln. Sie muss sich vor allem auch deshalb ändern, weil sie einmal so gemeint war.

Vielleicht waren die Bischöfe in ihrer tatsächlichen Verantwortung vor sechzig Jahren beim Zweiten Vatikanischen Konzil dieser Kirche als Würdegesellschaft schon einmal näher, als sie es heute sind. Zumindest fanden sie Formulierungen, die eindeutig in diese Richtung wiesen. So heißt es in *Lumen Gentium*, der Dogmatischen Konstitution über die Kirche: »Es gibt also in Christus und in der Kirche keine Ungleichheit aufgrund von Rasse und Volkszugehörigkeit, sozialer Stellung oder Geschlecht« (LG 32). Daher muss »jede Form einer Diskriminierung [...] beseitigt werden, da sie dem Plan Gottes widerspricht« (Gaudium et spes 29).

Mit dem Konzilsdokument *Dignitatis humanae*, der Erklärung über die Religionsfreiheit, hat die katholische Kirche das Grundprinzip neuzeitlicher Freiheitsrechte übernommen. Rechtssubjekt auf religiöse Freiheit ist die individuelle Person aufgrund ihrer Würde. So beginnt das Konzilsdokument denn auch mit der Feststellung: »Die Würde der menschlichen Person kommt den Menschen unserer Zeit immer mehr zum Bewusstsein ...« (DH 1). An diesem neuen Bewusstsein der »Menschen unserer Zeit« wollten sich die Konzilsväter orientieren, um auch der Kirche eine Neuausrichtung zu geben und gleichzeitig dem Rechnung zu tragen, wie Kirche einmal gemeint war. Eine nur auf bestimmte Gruppen bezogene Inanspruchnahme der Menschenrechte lehnte das Konzil mit der Erklärung in *Nostra aetate* übrigens ab: »Jeder Theorie oder Praxis [wird] das Fundament entzogen, die zwischen Mensch und Mensch [...] bezüglich der Menschenwürde und der daraus fließenden Rechte einen Unterschied macht. Deshalb verwirft die Kirche jede Diskriminierung eines Menschen [...] um seiner Rasse oder Farbe, seines Standes oder seiner Religion willen, weil dies dem Geist Christi widerspricht« (NA 5). Diese Konzilstexte, die die Gleichheit der Menschen und Gläubigen betonen, enthalten revolutionäre grundrechtliche Töne, die bekanntlich allerdings in der kirchlichen Institution selbst kaum Wirkung entfalteten.

Dass die Allgemeine Erklärung der Menschenrechte in der Realität in staatlichem Handeln immer wieder in Vergessenheit gerät oder bewusst ignoriert wird, ist kein Hinderungsgrund, sondern erst recht Ansporn, immer wieder an die Wahrung der Menschenwürde zu erinnern und für deren Einhaltung zu kämpfen. Der Verweis auf die faktische Ordnung der Kirche, wie ihn Kardinal Wölki formuliert, ist gerade kein Grund, sich mit diesen Realitäten abzufinden, sondern eine Erinnerung, sich neu daran auszurichten, wie Kirche gemeint war.

In einem persönlichen Glaubenszeugnis während der Eröffnungssequenz der ersten Synodalversammlung sagte Sr. Philippa Rath OSB am 30. Januar 2020 in Frankfurt: »Ich stehe hier vor allem für viele Frauen, auch Ordensfrauen, die sich mehr Mitbeteiligung und Mitverantwortung in unserer Kirche wünschen – nicht als Lückenbüßer, nicht als Almosen, sondern als verbrieftes Recht in Anerkennung ihrer gleichen Würde.«

Es ist an der Zeit, in dieser Weise auf dem Synodalen Weg, aber eben nicht nur dort die Gleichheit in der Würde konkret zur Sprache zu bringen, durch symbolische Gesten in Erinnerung zu rufen und vor allem in Beschlüsse zu fassen, zu deren Umsetzung sich die Bischöfe in ihrer Verantwortung verpflichten.

Konkret bedeutet das, Menschen, deren Würde durch sexualisierte Gewalt verletzt wurde, zu entschädigen. Konkret bedeutet das, diese Verbrechen gegen die Menschenwürde genauso aufzuklären wie spirituellen Missbrauch oder Machtmissbrauch. Konkret bedeutet das, jede Form von Diskriminierung in der Kirche zu beenden, allen Geschlechtern den Zugang zu allen Ämtern und Funktionen zu eröffnen. Und dies, weil alle die gleiche Würde haben. So ist Kirche gemeint.

Kapitel 9

Das Recht der Herrschenden und die Herrschaft des Rechts

Die Behauptung der Gleichwürdigkeit und generell die Idee der Menschenwürde blieben unverbindlich und folgenlos, würden daraus nur moralische Appelle oder eine entsprechende Haltung resultieren. Es sind erst die Menschen*rechte*, die die Menschen*würde* wirksam schützen. Und es ist wiederum erst die Umsetzung dieser Menschenrechte in jeweiliges staatliches Recht mit seiner Gesetzgebung, die der Menschenwürde im Zusammenleben ein konkretes Gesicht gibt und sie wirksam schützt. Die Bestimmungen der Allgemeinen Erklärung der Menschenrechte wurden deshalb in zahlreiche nationale Verfassungen aufgenommen und damit individuell einklagbar. Ungeachtet ihrer moralischen Bedeutung hätte die Menschenrechtserklärung ansonsten keine direkte Auswirkung auf die nationalen Rechtssysteme.

In Deutschland waren es die Verfassungen des Freistaates Bayern und des Landes Hessen vom 2. beziehungsweise 11. Dezember 1946, die noch vor der Unterzeichnung der Allgemeinen Erklärung der Menschenrechte am 10. Dezember 1948 und vor der Verabschiedung des Deutschen Grundgesetzes am 23. Mai 1949 die Idee der Menschenwürde in positives Recht gossen. Die Bayerische Verfassung wählte dafür die Formulierung: »Die Würde der menschlichen Persönlichkeit ist in Gesetzgebung, Verwaltung und Rechtspflege zu achten« (Artikel 100). In der Hessischen Verfassung heißt es: »Leben, Gesundheit, Ehre und Würde des Menschen sind unantastbar« (Artikel 3). An diesen beiden Texten orientierte sich schließlich Artikel 1 des Bonner Grundgesetzes: »Die Würde des Menschen ist unantastbar. Sie zu achten und zu schützen ist Verpflichtung aller staatlichen Gewalt.« Die Idee der Menschenwürde konkretisiert sich also in den Menschenrechten, die wiederum in konkreten Gesetzen ihre Anwendung finden. Würde bedeutet Rechte und demzufolge gilt: gleiche Würde, gleiche Rechte.

Erst mit dem Schritt der einklagbaren Rechte wird die Menschenwürde der Willkür oder dem reinen Gnadenhandeln der Herrschenden entzogen. Das verlangt aber, dass eine funktionierende Gerichtsbarkeit dafür sorgt, dass Einzelne die Möglichkeit haben, nicht nur Rechte zu haben, sondern auch zu ihrem Recht zu kommen.

Der Zusammenhang von Würde, Rechten, Gesetzen und Gerichtsbarkeit begegnet auch in der jüdisch-christlichen Tradition. In der hebräischen Bibel, dem sogenannten Alten Testament, nehmen deshalb konkrete Gesetzestexte und unter ihnen vor allem die Sozialgesetzgebung einen breiten Raum ein. Biblische Autor:innen waren davon überzeugt: Der Glaube an einen gerechten Gott verlangt eine gerechte Gesellschaftsordnung. Vor allem der Schutz gesellschaftlich Benachteiligter und Armer fand besondere Aufmerksamkeit. So schreibt das Buch Deuteronomium vor, den Zehnten alle drei Jahre als Armensteuer zu verteilen (Deuteronomium 14,28–29; Deuteronomium 26,12–15). Eine Fülle von Wirtschaftsgesetzen dient dazu, der Verarmung entgegenzuwirken. Dazu gehören das Zinsverbot (Exodus 22,24; Levitikus 25,35–38; Deuteronomium 23,20–21), Beschränkungen bei der Pfandnahme (Exodus 22,25–26; Deuteronomium 24,6.10–13.17), Regelungen zu korrekten Maßen und Gewichten (Deuteronomium 25,13–16) oder der allgemeine Schuldenerlass alle sieben Jahre (Deuteronomium 15,1–11). Gerade die Benachteiligten sollten die Möglichkeit haben, ihr Recht zu erhalten. Und dieses Recht durfte nicht von finanziellen Ressourcen oder von Beziehungen abhängig sein. So mahnt Exodus 23,6–8 dazu: »Du sollst das Recht des Armen in seinem Rechtsstreit nicht beugen. Von einem unlauteren Verfahren sollst du dich fernhalten. Wer unschuldig und im Recht ist, den bring nicht um sein Leben; denn ich spreche den Schuldigen nicht frei. Du sollst dich nicht bestechen lassen; denn Bestechung macht Sehende blind und verkehrt die Sache derer, die im Recht sind.« Funktionierende Gerichte werden gleichsam zu einem Anzeichen der Anwesenheit Gottes in seinem Volk. Und die Vorstellung von einem Gericht am Ende der Tage war von der Idee geleitet, dass es einmal so etwas geben könnte wie einen Tag der großen Gerechtigkeit. Das Endgericht bedeutete also für die meisten keine Drohkulisse, sondern die Aussicht auf eine Welt, in der es sozusagen eine perfekte Gerichtsbarkeit gibt und in der endlich alle zu ihrem Recht kommen, auf das sie als gleichwürdige Ebenbilder Gottes Anspruch haben.

In dieser Tradition der hohen Wertschätzung des Rechts stehen die jüdische und die christliche Religion. Dem trägt auch die Tatsache Rechnung, dass es ein eigenes Kirchenrecht mit einem gesonderten kirchlichen Gesetzbuch gibt, dem *Codex Iuris Canonici* (CIC). Häufig wird auch von reformfreudigen Christ:innen diese verrechtlichte Seite der Kirche negativ bewertet, die »Rechtskirche« der »Liebeskirche« gegenübergestellt und das Gesetz gegen die Barmherzigkeit ausgespielt. Wer dieser Logik folge, so gibt die Kirchenrechtlerin Christiane Demel zu bedenken, überlasse das Kirchenrecht denjenigen, die es nach eigenem Interesse oder zu ihrem eigenen Vorteil anwendeten oder ignorierten. Die Erneuerung der Kirche liegt demnach gerade nicht in einer Abkehr vom Recht. »Denn das Gegenteil der Rechtskirche ist nicht die Liebes-, sondern die Unrechtskirche, das Gegenteil von Gesetz nicht die Barmherzigkeit, sondern die Willkür«, so Demel (in: Matthias Remenyi, Thomas Schärtl, Nicht ausweichen. Theologie angesichts der Missbrauchskrise, Regensburg 2019, S. 160).

In der Kirchengeschichte und in der gegenwärtigen kirchlichen Wirklichkeit zeigt sich, wie sehr die institutionelle Kirche in dieser Hinsicht nicht nur hinter dem modernen Anspruch der Menschenrechte, sondern auch hinter dem Maßstab ihrer eigenen biblischen Grundlegungen zurückbleibt. Ausdrücklich auf der Höhe der Menschenrechte angekommen ist die Kirche ohne Frage im Bereich der Religionsfreiheit. Die Religionsfreiheit verbindet als Forderung nicht nur alle Getauften, alle kirchlichen Stände – Kleriker, Ordensleute,

Laien – miteinander, sie verbindet auf neue Weise auch die Kirche mit dem Staat. Sie ist das erste der im weltlichen Bereich erwachsenen Grundrechte, das in der katholischen Kirche volle Geltung erlangt hat. Ihr gilt nicht nur eine wichtige Erklärung des Zweiten Vatikanischen Konzils (*Dignitatis humanae*), sie steht auch unmissverständlich im *Codex Iuris Canonici* von 1983. In c. 749 §2 CIC heißt es: »Niemand hat jemals das Recht, Menschen zur Annahme des katholischen Glaubens gegen ihr Gewissen durch Zwang zu bewegen.«

Ansonsten wird die Kirche in vielen Punkten dem Anspruch der Menschenrechte und der eigenen biblischen Tradition nicht gerecht. Die in der christlichen Tradition verbürgte gleiche Würde aller Getauften hat zwar tatsächlich Eingang in das Kirchenrecht gefunden: »Unter allen Gläubigen besteht, und zwar aufgrund ihrer Wiedergeburt in Christus, eine wahre Gleichheit in ihrer Würde und Tätigkeit, kraft der alle je nach ihrer eigenen Stellung und Aufgabe am Aufbau des Leibes Christi mitwirken« (c. 208 CIC). Schritte zu realer Gleichberechtigung, die daraus folgen, sucht man im *Codex Iuris Canonici* allerdings vergebens. Im Gegenteil: Das kirchliche Gesetzbuch zementiert an mancher Stelle sogar aus heutiger menschenrechtlicher Sicht eklatante Verstöße gegen die Menschenwürde und gegen die Gleichheit. So legt das geltende Kirchenrecht immer noch formal die Heiratsfähigkeit für das weibliche Geschlecht mit vierzehn Jahren fest: »Der Mann kann vor Vollendung des sechzehnten, die Frau vor Vollendung des vierzehnten Lebensjahres keine gültige Ehe schließen« (c. 1083). Gleichzeitig bescheinigt es Frauen die Unfähigkeit zur Weihe: »Die heilige Weihe empfängt gültig nur ein getaufter Mann« (c. 1024). Zwar wird in vielen kirchlichen Dokumenten auf die gleiche Würde aller Getauften verwiesen, die Hälfte der Mitglieder der katholischen Kirche hat aber von vornherein nur aufgrund des Geschlechts weniger Rechte. In dem 1994 veröffentlichten Apostolischen Schreiben *Ordinatio Sacerdotalis* erklärte Johannes Paul II. die Diskussion um einen gleichberechtigten Zugang zu den Weiheämtern definitiv für beendet und versah die ungerechte Gesetzgebung mit dem Siegel der Unfehlbarkeit: »Damit also jeder Zweifel bezüglich der bedeutenden Angelegenheit, die die göttliche Verfassung der Kirche selbst betrifft, beseitigt wird, erkläre ich kraft meines Amtes, die Brüder zu stärken (vgl. Lukas 22,32), dass die Kirche keinerlei Vollmacht hat, Frauen die Priesterweihe zu spenden, und dass sich alle Gläubigen der Kirche endgültig an diese Entscheidung zu halten haben«

(Ordinatio Sacerdotalis 4). Diese »Basta-Entscheidung« des Papstes sorgte dafür, dass über Jahrzehnte hinweg jede Forderung nach Gleichberechtigung in der Kirche im Keim erstickt wurde.

Inzwischen hat sich das geändert. Nicht, weil das kirchliche Lehramt zur Einsicht gekommen wäre, sondern weil der Druck der kirchlichen Basis in vielen Ländern gestiegen ist. Der in der Synodalversammlung im Februar 2022 in erster Lesung beschlossene Grundtext »Frauen in Diensten und Ämtern in der Kirche« fordert im ersten Satz »Geschlechtergerechtigkeit als Grundlage aller künftigen Handlungsweisen in der römisch-katholischen Kirche« und beruft sich dabei gleichermaßen auf biblische Texte wie auf die Menschenrechte sowie auf die im Grundgesetz verankerte Gleichberechtigung: »Alle Menschen sind vor dem Gesetz gleich. Männer und Frauen sind gleichberechtigt. Der Staat fördert die tatsächliche Durchsetzung der Gleichberechtigung von Frauen und Männern und wirkt auf die Beseitigung bestehender Nachteile hin« (Grundgesetz Artikel 3).

Nach Überzeugung der Synodal:innen ist die Gleichberechtigung nicht weiter begründungspflichtig. Sie ist ein Recht und darf nicht als Gnadenakt verstanden werden. Wie oft höre ich immer noch Sätze wie: »Wir haben einen netten Pfarrer, der vieles erlaubt, was woanders nicht möglich wäre.« Solche Formulierungen beziehen sich zum Beispiel darauf, dass eine Frau in einem Gottesdienst mal das Evangelium lesen durfte oder beim Hochgebet neben dem Priester am Altar stand. Das Gefühl der Dankbarkeit für solche »Großzügigkeit« ist entwürdigend und verstärkt eher noch das Gefälle, als dass es zur Gerechtigkeit beitragen würde.

Gleiches gilt für die Gleichwürdigkeit und für die Gleichberechtigung queerer Gläubiger. Das kirchliche Dienstrecht von 2015 droht denen mit Entlassung, die in einer gleichgeschlechtlichen Beziehung leben oder eine eingetragene Lebenspartnerschaft beziehungsweise Ehe eingehen. Die Wahrnehmung der staatlich garantierten Gleichberechtigung hat in der Kirche die Kündigung zur Folge. Dazu kommt es aber nicht automatisch. Die Entscheidung darüber liegt im Ermessen des Dienstgebers, der unter anderem darüber zu befinden hat, ob das Verhalten der Mitarbeiter:innen »nach den konkreten Umständen objektiv geeignet ist, ein erhebliches Ärgernis in der Dienstgemeinschaft oder im beruflichen Wirkungskreis zu erregen und die Glaubwürdigkeit der Kirche zu beeinträchtigen« (Grundordnung Artikel 5, Absatz 2). Viele Bischöfe und Generalvikare verweisen darauf, dass das kirchliche Dienstrecht in den letzten

Jahren häufig weiter ausgelegt worden sei und nur in wenigen Fällen eine Kündigung ausgesprochen wurde. Rechtssicherheit gab es bislang aber nicht. Die ausbleibende Kündigung entsprach eher einem Gnadenakt. Eine der Kernforderungen der Aktion »OutInChurch« war es, die Diskriminierung von queeren Mitarbeitenden im kirchlichen Arbeitsrecht zu beenden und für Rechtssicherheit zu sorgen. Erst der massive öffentliche Druck, den die Aktion ausgelöst hat und die Angst vor drohenden Niederlagen in Arbeitsgerichtsprozessen bewegte die Bischöfe dazu, sich von den entsprechenden Passagen in der Grundordnung zu verabschieden. Einige taten dies, indem sie Selbstverpflichtungserklärungen abgaben und versprachen, das kirchliche Dienstrecht in dieser Hinsicht nicht mehr anzuwenden. Nach einem eindeutigen Votum aus dem Synodalen Weg wurde zudem die Reform des Dienstrechts beschleunigt. Ein künftiges Dienstrecht wird aller Voraussicht nach auf die eindeutig diskriminierenden Formulierungen verzichten. Ob damit allerdings ausreichend Rechtssicherheit hergestellt und die willkürliche Auslegungspraxis beendet wird, ist derzeit ungewiss.

Die Position der Mehrheit der Synodal:innen ist allerdings unmissverständlich. Sie fordern nicht nur im Blick auf das kirchliche Dienstrecht mehr

Rechtssicherheit: »Für die katholische Kirche ist es wichtig, dass Entscheidungen so an das Recht gebunden sind, dass allgemeine, als legitim anerkannte Regeln der Fairness, Transparenz und Kontrolle umfassend gesichert werden, sodass Willkür wirksam ausgeschlossen wird. Die Beteiligung der Gläubigen darf nicht vom Wohlwollen des jeweiligen Bischofs oder Pfarrers abhängen« (Grundtext »Macht und Gewaltenteilung«, S. 22).

Ein Vorhaben, das bereits Paul VI. auf seine Agenda gesetzt hatte, das aber nicht verwirklicht wurde, scheint nun zumindest in Deutschland in die Nähe zu rücken: die Einrichtung einer kirchlichen Verwaltungsgerichtsbarkeit. Vor allem Opfer sexueller Gewalt sollen nach der Vorstellung der Synodal:innen vor den neu zu schaffenden Verwaltungsgerichten in der Kirche künftig rechtliches Gehör und Rechtsansprüche auf Entschädigung durchsetzen können. Aber dabei darf es nicht bleiben. Würde kirchliches Handeln dem staatlichen Recht und damit den Menschenrechten genügen, bräuchte es in dieser Hinsicht auch keine eigene Gerichtsbarkeit. Würde die Kirche in ihrem Inneren praktizieren, was sie mit der biblischen Rede von der Würde aller Getauften verspricht, dann hätten Frauen in jeder Hinsicht die gleichen Rechte wie Männer, dann gäbe es ein allgemeines Diskriminierungsverbot in der Kirche und niemand müsste aufgrund der eigenen geschlechtlichen Identität oder sexuellen Orientierung um den Arbeitsplatz fürchten. All das aber sind augenblicklich noch utopische Vorstellungen.

Kapitel 10

Eine Kirche, die neu anfängt – eine Utopie

Es hilft bisweilen, sich die Anfänge der Kirchengeschichte in Erinnerung zu rufen. Ja, es gab tatsächlich einmal eine Phase in der frühen Kirche, da stand das Christentum für gesellschaftliche Aufbrüche und Innovation. Die Jesusbewegung, die sich allmählich aus den jüdischen Synagogengemeinden herauslöste und zunehmend auch in der nichtjüdischen Umgebung Fuß fasste, war zumindest vorübergehend und an einzelnen Orten ein attraktiver Anziehungspunkt für Menschen, die eine andere Gesellschaftsordnung herbeisehnten. Sklaven und Freigelassene, Frauen und Menschen ohne römisches Bürgerrecht fühlten sich genauso angezogen wie die weltoffenen Kaufleute in den Hafenstädten des römischen Weltreiches. Für einige Jahrzehnte zumindest waren christliche Gemeinden der Ort, an dem Frauen in der Versammlung die gleichen Rechte hatten wie Männer und gesellschaftlich benachteiligte oder ausgegrenzte Menschen die gleiche Wertschätzung erfuhren wie erfolgreiche Geschäftsleute. Der sogenannte Gleichheitssatz in Galater 3,27–28 atmet diesen Geist. Er vermittelt die Vorstellung von einer Kirche, die so etwas sein könnte wie die gesellschaftliche Avantgarde in Fragen der Gerechtigkeit und der Anerkennung der gleichen Würde aller Menschen.

Derzeit erahne ich wieder etwas von diesem Geist, der in Menschen wach wird, die sich trauen, im Reformprozess des Synodalen Weges für die Rechte von Frauen und für mehr Machtkontrolle einzutreten. Ich erahne etwas von diesem Geist, wenn sich Menschen hartnäckig für die Aufklärung der Missbrauchsverbrechen und die unbedingte Achtung der Menschenwürde in der Kirche starkmachen. Es gehört für mich schließlich zur unkontrollierbaren Eigendynamik des Geisteswirkens im derzeitigen Reformprozess, wenn junge Synodal:innen in Initiativen wie dem Buchprojekt »Katholisch und Queer« sichtbar werden, für mehr Gerechtigkeit eintreten und dabei nicht auf bischöfliche Zustimmung warten. Die Bischöfe sollten diese Aufbrüche am Ende nicht blockieren, sondern sich für einen Moment die Anfänge der Kirchengeschichte in Erinnerung rufen, dem unkontrollierten Wirken der Geisteskraft mehr zutrauen als dem Verharren im Alten und einen echten Neuanfang wagen.

Vielleicht könnten heutige Amtsträger damit beginnen, dass sie sich an Menschenrechtsaktivist:innen ein Vorbild nehmen und persönlich und eindeutig für die Einhaltung der Menschenrechte und damit auch für das Evangelium Zeugnis ablegen. Sie könnten sich neu orientieren an Jesus von Nazaret, der sich nicht hinter Institutionen versteckt hatte, sondern als Person sichtbar wurde und andere ermutigte, vom Rand in die Mitte zu treten und »Ich« zu sagen. Es könnte damit beginnen, dass alle, die derzeit ein Amt in der Kirche bekleiden, häufiger »Ich« sagen und persönlich mit dem, was ihnen wichtig ist und wofür sie einstehen, sichtbar werden. Damit meine ich eben nicht jenes fremdgesteuerte Kirchen-Ich, das sich bei unangenehmen Fragen hinter Rom, hinter der Weltkirche, hinter der Bischofskonferenz oder neuerdings auch hinter dem Synodalen Weg versteckt. Ich meine das authentische und selbstbestimmte Ich, wie ich es bei denen erlebe, die aus dem Schweigen heraustreten und sagen: »Ich habe Missbrauch in der Kirche überlebt und ich will, dass Täter und Vertuscher dafür zur Verantwortung gezogen werden.« Ich meine dieses Ich, mit dem Monika bei der Aktion »OutInChurch« gemeinsam mit ihrer Partnerin Marie vor die Kamera trat, über die menschenverachtende Diskriminierung, die sie all die Jahre erlebt hat, sprach und dann mit fester Stimme sagte: »Und ich möchte, dass das aufhört.«

Ich stelle mir vor, ein Bischof sagte aus innerer Überzeugung: »Ich trete zurück, weil ich Unrecht getan oder verantwortet habe.« Ich stelle mir vor, beim Treffen der Deutschen Bischöfe stünde ein Bischof auf und formulierte in persönlicher und selbstbestimmter Verantwortung: »Ich weiß, es sind noch viele Hürden zu nehmen, aber ich persönlich setze mich mit all meiner Kraft in Rom dafür ein, dass der Zugang zu den Ämtern für alle Geschlechter offensteht. Denn es ist eine Ungerechtigkeit, die ich mitzuverantworten habe, dass Menschen immer noch daran gehindert werden, ihre Berufung in dieser Kirche zu leben.«

Überlebende des Missbrauchs, Menschen in Aktionen wie »Maria 2.0« oder bei »OutInChurch« könnten derzeit Orientierung geben, auf welchem Weg Veränderung möglich ist. Es fängt damit an, dass Menschen sichtbar werden, »Ich« sagen und neu daran Maß nehmen, wie Jesus von Nazaret gehandelt hat. Es fängt damit an, dass sich Menschen in dieser weltweiten Gemeinschaft der Universalkirche verbinden, wenn es um den Einsatz für mehr Gerechtigkeit und gegen Diskriminierung geht. Denn es ist bei Weitem nicht so, dass Themen wie Geschlechtergerechtigkeit oder ein Ende der Diskriminierung queerer Menschen nur europäische oder »Wohlstandsthemen« wären, wie bisweilen von den Gegnern der Reformen behauptet wird. Die Weltkirche darf nicht länger als Argument benutzt werden, um notwendige Reformen zu bremsen, sie muss vielmehr als Chance gesehen werden, überall auf der Welt für die Anerkennung der gleichen Würde aller Menschen einzutreten. Denn längst stehen in unterschiedlichsten Ländern und auf allen Kontinenten Frauen und queere Menschen für mehr Gerechtigkeit auf, wenn auch häufig unter weit schwierigeren Bedingungen und deshalb oft nicht so sichtbar wie in europäischen Ländern. Es fängt schließlich damit an, dass wir in der Kirche konsequent und grundsätzlich wie Jesus der Liebe zu den einzelnen Menschen und der Achtung ihrer Würde den Vorrang geben vor dem Schutz der Institution oder der Verteidigung eigener Privilegien. Die Macht der Liebe muss in der Kirche wieder stärker werden als die Liebe zur Macht.

Ansätze für eine solche notwendige Bekehrung der Kirche zur Botschaft Jesu, aber auch zu ihrer zeitgemäßen Auslegung in der Gestalt der Menschenrechte gab es bereits vor einigen Jahrzehnten.

Im Jahr 2023 feiert die internationale Völkergemeinschaft nicht nur den 75. Jahrestag der Unterzeichnung der Allgemeinen Erklärung der Menschenrechte, sondern auch den 60. Jahrestag der Veröffentlichung der päpstlichen Enzyklika *Pacem in terris*, in der mit Johannes XXIII. zum ersten Mal ein Papst eindeutig die Verbindung zwischen der christlichen Botschaft und den neuzeitlichen Menschenrechten herstellte. Diese Enzyklika war sicher ein Meilenstein in der Entwicklung des Verhältnisses der katholischen Kirche zu diesen Rechten. Eine tatsächliche Kehrtwende brachte sie bislang aber nicht.

Zum Welttag des Friedens veröffentlichte die Deutsche Bischofskonferenz 1999 eine Arbeitshilfe mit dem Titel: *In der Respektierung der Menschenrechte liegt das Geheimnis des wahren Friedens.* In dieser Arbeitshilfe schrieb Marianne Heinbach-Steins die Einführung und versah ihren Beitrag damals schon mit der Überschrift »Bekehrung‹ der Kirche zu den Menschenrechten«. In ihren Überlegungen kommt sie zu dem Schluss: »Die Enzyklika *Pacem in terris* hat also nach einer langen Zeit der Ablehnung und des Zögerns der katholischen Kirche gegenüber den modernen Freiheitsrechten ein Fundament der Anerkennung der Menschenrechte gelegt, hinter das ein Zurück nicht mehr möglich ist. Denn Papst Johannes XXIII. hat damit der allzu lange verschütteten Einsicht wieder zur Geltung verholfen, dass die Grundidee der Menschenrechte dem biblischen und christlichen Verständnis des Menschen zutiefst entspricht und dass sie dieses Bild in das Denken der modernen Welt übersetzt« (https://www.dbk.de/fileadmin/redaktion/veroeffentlichungen/arbeitshilfen/AH_145.PDF).

Diese Einsicht, so betonte Marianne Heinbach-Steins schon vor mehr als zwanzig Jahren, dürfe nicht folgenlos bleiben. Ganz in der Logik des jesuanischen Aufrufs zur *Metanoia* mahnte sie ein Umdenken und eine Änderung des kirchlichen Verhaltens angesichts dieser neu gewonnenen Einsicht an. Sie forderte deshalb nicht weniger als die »Bekehrung« der katholischen Kirche zu den Menschenrechten: »Mit *Pacem in terris* hat die katholische Kirche, die sich über so lange Zeit mit den modernen Freiheitsrechten äußerst schwergetan hat, endlich einen für sie selbst notwendigen Lernschritt vollzogen. Sie hat entdeckt, dass sie aus dem Kern des christlichen Glaubens, dem christlichen Gottes- und Menschenbild, sich der Anerkennung ethischer Standards nicht verweigern darf, die den Schutz der unveräußerlichen Würde und der Freiheit jedes Menschen zum Ziel haben. Freilich hat die Kirche sich damit auch selbst eine Aufgabe gestellt, an der sie sich messen lassen muss.« 75 Jahre nach der Unterzeichnung der Allgemeinen Erklärung der Menschenrechte und 60 Jahre nach *Pacem in terris* ist es die Aufdeckung der Missbrauchsverbrechen und sind es die Bewegungen »Maria 2.0« und »OutInChurch«, die vielleicht so etwas wie den letzten Weckruf darstellen, diese notwendige Bekehrung der Kirche zu den Menschenrechten endlich in die Tat umzusetzen.

Viel Zeit bleibt hierfür allerdings nicht mehr. Ende Juni 2022 wurden die aktuellen Zahlen der Kirchenaustritte bekannt. Sie markieren einen historischen Höchststand. Im Jahr 2021 haben 359.338 Menschen die Kirche verlassen. Ein knappes Drittel mehr als im Vorjahr. Seit Beginn der 1990er-Jahre haben die Kirchen in Deutschland ein Viertel ihrer Mitglieder verloren. Viele Menschen verlassen die katholische Kirche aus ganz anderen Gründen als noch vor zwanzig Jahren. Sie gehen nicht, um Steuern zu sparen oder weil ihnen der Glaube egal wäre, sondern sie gehen, weil ihnen ihr Glaube so viel bedeutet, dass sie ihn durch den Austritt sozusagen vor der Kirche in Sicherheit bringen. Ihr persönlicher Glaube, ihr Engagement für mehr Gerechtigkeit, ihr Eintreten für christliche Werte machen es ihnen unmöglich, noch in dieser Institution zu bleiben. Die Glaubensgemeinschaft der Schon- oder Noch-nicht-Ausgetretenen wächst zu einer Art Parallelkirche an, während die institutionell verfasste Kirche mit der Verwaltung des eigenen Schrumpfens und ihrem Verschwinden in die gesellschaftliche Bedeutungslosigkeit beschäftigt ist. Wenn die Kirche das Ruder nicht umlegt und massiv umsteuert, wird sie in zwanzig Jahren zumindest in Deutschland als Institution untergehen oder allenfalls als eine Art Sekte wahrgenommen werden.

Da ist es ein schwacher Trost, wenn viele, die heute austreten, ihren Glauben für sich persönlich oder in kleinen Kreisen weiterpflegen. Die christliche Glaubensgemeinschaft ist aber seit ihren Anfängen eine Sammlungsbewegung. Der christliche Glaube ist kein Rückzugsort in die private Innerlichkeit. Er transportiert Werte wie Nächstenliebe und Gleichheit der Würde, die gesellschaftlich relevant sind und die auf Gemeinschaft und damit auch auf eine gewisse Form von Institutionalisierung angelegt sind. Es braucht die Kirche, um die Botschaft Jesu in ihrer gesellschaftlichen Relevanz sichtbar zu machen. Aber es braucht eben eine neue Gestalt von Kirche, die diese Botschaft in der Gegenwart glaubwürdig bezeugt. Und dies funktioniert nur auf dem Weg einer grundlegenden Erneuerung. Es braucht eine Kirche, die auf der Höhe der Menschenrechte ankommt. Diese Erneuerung ist keine billige Anpassung an den Zeitgeist, wie manche mutmaßen. Es ist letztlich die Rückbesinnung auf die Willensrichtung Jesu. Es ist die längst überfällige Übersetzung seines Evangeliums in die Gegenwart.

Wie aber sähe eine Kirche aus, die sich konsequent an den Menschenrechten orientiert? Folgende konkrete Schritte auf dem Weg dorthin sind aus meiner Sicht notwendig:

1   Der Vatikanstaat unterzeichnet die Allgemeine Erklärung der Menschenrechte und die Europäische Menschenrechtskonvention, tritt dem Europarat bei und unterstellt sich damit auch dem weltlichen Urteil des Europäischen Gerichtshofs für Menschenrechte. Die Universalkirche teilt den universalen Anspruch der Menschenrechtserklärung und macht sich deren Forderungen zu eigen.

2   Die Aufarbeitung der Missbrauchsverbrechen geschieht aus menschenrechtlicher Perspektive und grundsätzlich unabhängig von kirchlicher

Einflussnahme. Durch die Einrichtung von Wahrheitskommissionen wird dafür gesorgt, dass Geschehnisse aufgeklärt, und notwendige Konsequenzen gezogen werden und tatsächlich der Schutz der Person vor dem Schutz der Institution steht.

3   Die Menschenrechte werden als eigene kirchliche Grundrechte in das kirchliche Gesetzbuch, den *Codex Iuris Canonici*, aufgenommen. Damit wird garantiert, dass die Menschenrechte auch innerhalb der Kirche gesetzlichen Schutz haben. Alle kirchlichen Gesetzestexte werden daraufhin überprüft, ob sie menschenrechtlichen Ansprüchen genügen und entsprechend überarbeitet.

4   In einem konziliaren Prozess wird die kirchliche Lehre an den Stellen neu ausgerichtet und geändert, an denen sie noch nicht auf der Höhe aktueller humanwissenschaftlicher und theologischer Erkenntnisse angelangt ist. Die alte Naturrechtslehre wird entsprechend revidiert.

5   Das Diskriminierungsverbot wird in allen Bereichen des kirchlichen Handelns umgesetzt. Auf der Grundlage der gemeinsamen Würde al-

ler Getauften erhalten alle Mitglieder der Kirche unabhängig von ihrer geschlechtlichen Identität oder sexuellen Orientierung die gleichen Rechte. Funktionen und Ämter sind für alle grundsätzlich gleichermaßen zugänglich.

6   Macht in der Kirche wird wirksam kontrolliert. Ämter werden auf Zeit verliehen, kirchliche Strukturen und Entscheidungswege werden demokratisiert. Angelegenheiten, die alle betreffen, werden in synodalen Gremien auch von allen beraten und entschieden.

7   Im Umgang mit ihren weltlichen Gütern orientiert sich die Kirche daran, wie diese den Menschenrechten und damit vor allem der Ermächtigung der Benachteiligten und Ausgegrenzten zugutekommen.

8   Die Umsetzung der Menschenrechte in der Kirche wird als Akt der Evangelisierung auch Inhalt der Pastoral. Es geht also im kirchlichen Handeln nicht nur darum, Menschenrechtsverletzungen aufzudecken oder zu verhindern, sondern aktiv für Menschenrechte zu sensibilisieren, indem zum Beispiel eine geschlechtergerechte Sprache in allen kirchlichen Äu-

ßerungen Anwendung findet und über die Einführung von Quoten auf allen Ebenen für eine Repräsentanz aller Geschlechter gesorgt wird. Über die Einrichtung unabhängig besetzter Ombudsstellen wird dafür gesorgt, dass Menschen in Fällen von Machtmissbrauch und Diskriminierung unmittelbar und unkompliziert Unterstützung erhalten.

9 In der theologischen Ausbildung künftiger kirchlicher Amtsträger:innen sowie in der Fort- und Weiterbildung werden die Menschenrechte formal als Bestandteil des heutigen Verständnisses der christlichen Wahrheit vermittelt und alle kirchlichen Hauptamtlichen damit zu »Menschenrechtsexpert:innen« qualifiziert.

10 In einem Akt der Selbstverpflichtung, der sich am »Katakombenpakt« (1965 hatten sich rund 40 Bischöfe aus aller Welt in der römischen Domitilla-Katakombe versammelt und unter dem Eindruck des Konzils persönlich dazu verpflichtet, eine dienende und arme Kirche zu verwirklichen) orientiert, binden sich kirchliche Amtsträger schon jetzt an die Einhaltung menschenrechtlicher Standards im eigenen Verantwortungsbereich.

Meine persönliche Vision an der Schwelle zum Jubiläumsjahr der Unterzeichnung der Allgemeinen Erklärung der Menschenrechte ist es, dass diese Utopie Wirklichkeit wird und die Kirche mit der vollen Anerkennung der Menschenrechte das Evangelium in der Gegenwart glaubwürdig bezeugt.

Dank

Dass ich in den letzten Jahren zu einer menschenrechtlichen Perspektive gefunden habe und darin auch eine neue zeitgemäße Lesart der biblischen Botschaft entdecken konnte, verdanke ich zahlreichen Freund:innen, die ich über das gemeinsame zivilgesellschaftliche Engagement kennenlernen durfte. Seit 2006 bin ich mit vielen Engagierten im »Würzburger Bündnis für Demokratie und Zivilcourage e. V.« unterwegs. Zu den Gründungsmitgliedern gehört Stefan Lutz-Simon, mit dem mich nicht nur das gemeinsame Arbeiten im Sprecher:innenrat des Bündnisses und eine lange Freundschaft verbinden. Bei rassismuskritischen Tagungen in der von ihm geleiteten Jugendbildungsstätte Unterfranken und in unzähligen Gesprächen habe ich viel darüber gelernt, wie es geht, bei mir selbst und in den Systemen, in denen ich mich bewege, rassistische und andere diskriminierende Muster zu erkennen und aufzudecken.

In der Begleitung so vieler Menschen, die sich mit Diskriminierungserfahrungen an den Würzburger Ombudsrat, die unabhängige Antidiskriminierungsstelle in Würzburg, gewandt haben, konnte ich in den letzten zwölf Jahren meiner Tätigkeit in diesem städtischen Gremium für mich entdecken, wie wichtig es ist, sich konsequent an die Seite derer zu stellen, deren Würde missachtet wird. Ähnliches habe ich im gemeinsamen Engagement mit meinen Kolleg:innen im Würzburger Flüchtlingsrat erfahren. Diese Erfahrungen habe ich zunehmend mit meiner Arbeit in der Katholischen Hochschulgemeinde verknüpft. Denn dort durfte ich vielen Studierenden begegnen, die in unterschiedlichen sozialen Arbeitskreisen, ob in der Begegnung mit Menschen mit Behinderungen, mit Inhaftierten oder Geflüchteten, christliche Nächstenliebe für mich greifbar machen. Dies tun sie aber häufig eher unter dem Vorzeichen der Menschenrechtsarbeit als unter einem explizit christlichen Anspruch. Ich bin meinen Kolleg:innen im Team der KHG dankbar, dass wir uns immer wieder bewusst unter dem Leitbild unserer Hochschulgemeinde versammeln, in dem wir die christliche Botschaft und das konkrete Eintreten für die Achtung der Würde aller zusammengedacht und für uns verbindlich festgeschrieben haben.

Persönlichkeiten wie Maria Mesrian und anderen Frauen der Initiative »Maria 2.0« verdanke ich, dass ich als Priestermann angefangen habe, mich mit meinen eigenen Privilegien kritisch auseinanderzusetzen. Mit Sr. Philippa Rath OSB gemeinsam das Buch »Frauen ins Amt! Männer der Kirche solidarisieren sich« herausgeben zu dürfen, war für mich in dieser Spur ein enormer Vertrauensvorschuss und ein Anstoß, ähnlich dem »kritischen Weißsein« in der Rassismuskritik ein »kritisches Mannsein« im patriarchal dominierten System der katholischen Kirche an die Seite zu stellen. Die Gespräche mit Sr. Philippa Rath, ihre Klugheit und ihre Zuversicht sind für mich im letzten Jahr zu einem großen Geschenk geworden.

Danken will ich auch Matthias Remenyi, mit dem ich bei ausgedehnten Spaziergängen nicht nur vieles teilen konnte, sondern von dem ich auch gelernt habe, was es bedeutet, dass die Zeugnisse der Überlebenden des Missbrauchs, aber auch die Stimmen anderer Menschen, die auf andere Weise in der Kirche in ihrer Würde missachtet wurden, theologische Erkenntnisorte sind. Es ist für mich von großem Wert, das eigene Engagement so zu reflektieren und auch immer wieder theologisch rückzubinden.

Als schwuler Mann habe ich mich lange Zeit in der katholischen Kirche versteckt und hatte das Gefühl, einerseits irgendwie unerwünscht zu sein. Andererseits belastete mich zunehmend der Gedanke, mich mit einem System zu arrangieren und es zu stabilisieren, das nicht nur mich, sondern viele andere Menschen diskriminiert. Ein wichtiger Schritt war für mich deshalb, in dieser Kirche als schwuler Mann gemeinsam mit vielen anderen sichtbar zu werden. Ohne Menschen wie Bernd Mönkebüscher und Jens Ehebrecht-Zumsande und viele andere, die ich über »OutInChurch« oder die Aktion »#Liebegewinnt« kennengelernt habe, wäre mir dieser Schritt vermutlich nicht gelungen. Wir sind viele! Für diese Erfahrung der Verbundenheit mit anderen queeren kirchlichen Haupt- und Ehrenamtlichen bin ich unendlich dankbar. Die eigentliche Kraft dazu hat mir aber immer meine Familie gegeben. Deshalb gilt meinen Eltern und Geschwistern, meinen Nichten und meinem Neffen mein größter Dank.

Schließlich möchte ich mich bei meiner Lektorin Marlene Fritsch bedanken. Sie hat mein Schreiben in gewohnter Weise fachkundig begleitet, darüber hinaus aber hat sie mich vor allem durch ihre Solidarität in der Sache immer wieder zum Schreiben motiviert. Dass ich mit ihr jetzt schon lange zusammenarbeiten darf und dass meine Ideen einen Ort finden, der Gedanken zum Buch werden lässt, verdanke ich dem Team vom Vier-Türme-Verlag, dem ich mich sehr verbunden fühle. Für das gelungene Layout und die Gestaltung des Covers danke ich Stefan Weigand und Katharina Gebauer.

Burkhard Hose

Systemrelevant
*Neue Maßstäbe für unsere
Gesellschaft*

156 Seiten, gebunden, 12,0 x 19,5 cm
ISBN 978-3-7365-0326-7

Erschütternde Bilder von Menschen weltweit auf der Flucht, Klimaveränderungen, die das Leben kommender Generationen bedrohen, und ein Virus, das die gesamte Welt in einen Ausnahmezustand versetzt – anstatt uns sicherer zu fühlen in einer Welt des technischen Fortschritts und der zunehmenden Digitalisierung, erleben wir zunehmende Verunsicherungen. Wie sollen wir auf die Erfahrung reagieren, dass wir als Menschen so verletzlich sind und dass alte Konzepte, mit denen wir glaubten, die Welt im Griff zu haben, scheitern? Was ist wesentlich? Welche Haltungen braucht es in Zukunft, um dem gerecht zu werden, dass wir so existenziell aufeinander angewiesen sind?

Das Buch nähert sich diesen Fragen nicht über Theorien, sondern über persönliche und konkrete Beobachtungen, Erfahrungen und Erlebnisse, die Mut machen, neue Maßstäbe zu formulieren. Es ist geleitet von der Zuversicht, dass die christliche Botschaft dabei Orientierungshilfe sein kann. Denn die biblische Tradition steckt voller Geschichten von Menschen, die in der Wüste, im Exil oder in Krankheit und Katastrophen neu für sich entdeckt haben, was für das eigene Menschsein und für ein gutes Zusammenleben wesentlich ist.

Burkhard Hose

**Warum wir aufhören sollten,
die Kirche zu retten**

Für eine neue Vision von Christsein

159 Seiten, gebunden, 12,0 x 19,5 cm
ISBN 978-3-7365-0281-9

Angesichts der zurzeit von vielen Seiten artikulierten Kirchenkritik und dem scheinbar zunehmenden Vertrauensverlust in die Institution der Kirche malt der Studierendenpfarrer Burkhard Hose ein neues und utopisches Bild davon, wie die Kirche aussehen und was Christsein bedeuten sollte. Schaut man auf die jüngsten Entwicklungen und Enthüllungen rund um das Thema Kirche, wird immer deutlicher: Der Vertrauensverlust ist so groß, dass Kirche sich neu (er)finden muss. Kosmetische Korrekturen oder Reformbemühungen reichen nicht mehr aus.

Dieses Buch ist ein mutiges Plädoyer für einen tatsächlichen und radikalen Neuanfang. Der bekannte und streitbare Hochschulpfarrer Burkhard Hose entwickelt darin eine Vision, eine Utopie davon, wie eine Kirche der Zukunft aussehen könnte. Ausgehend von einer österlichen Kirche ist für ihn das Ziel nicht das Wiederbeleben vergangener volkskirchlicher Zeiten, sondern die Auferstehung in einer neuen Gestalt.

Kirche sind die, die in der Spur Jesu nicht länger einer Institution, sondern wirklich den Menschen dienen. Eine entschlossene Vision von Christsein, die den derzeitig spürbaren Bruch tatsächlich ernst nimmt.

Burkhard Hose

Seid laut!
Für ein politisch engagiertes
Christentum

144 Seiten, gebunden, 12,0 x 19,5 cm
ISBN 978-3-7365-0155-3

Burkhard Hose, Studierendenpfarrer der Katholischen Hochschulgemeinde Würzburg, ist überzeugt: Als Christ kann und darf man nicht unpolitisch sein. Er fordert uns auf, laut zu werden. Gegen soziale Ungerechtigkeit. Gegen machtorientierte Meinungsmache. Gegen eine Politik, die christliche Werte instrumentalisiert und aushöhlt.

Stattdessen stellt der engagierte Pfarrer den Menschen in den Mittelpunkt. Für einen gemeinsamen Dialog. Für eine ethische Zukunft. Für ein christliches Miteinander.

Burkhard Hose ist selbst politisch aktiv. So erhebt er seine Stimme in der Kreuzdebatte und setzt sich für Randgruppen, Geflüchtete und Asylbewerber ein – unter anderem im Würzburger Flüchtlingsrat, im Würzburger Bündnis für Zivilcourage oder im Ombudsrat der Stadt Würzburg gegen Diskriminierung.